광고 카피 빛내 주는 AI

AI문고

인공지능 시대입니다. 기계가 인간의 인지를 대신하고, 사물이 인간을 통하지 않고 다른 사물과 직접 커뮤니케이션합니다. 이에 따른 인간 삶과 문명 변화를 정확히 이해 · 예측 · 대응하는 것은 이 시대 우리 모두의 과제입니다. AI문고는 인공지능 기술과 환경의 여러 주제를 10가지 키워드로 정리합니다. 관련 개념과 이론, 학계와 산업계의 쟁점, 우리 일상의 변화를 다룹니다. 인간과 기술의 현재, 미래를 세심히 분석합니다.

일러두기

- 인명, 작품명, 저서명, 개념어 등은 한글과 함께 괄호 안에 해당 국가의 원어를 병기했습니다.
- 외래어 표기는 현행 어문규정의 외래어표기법을 따랐습니다.

처음이세요?

전문가세요?

광고 카피 빛내 주는 AI

김병희

대한민국, 서울, 커뮤니케이션북스, 2025

광고 카피 빛내 주는 AI

지은이 김병희
펴낸이 박영률

초판 1쇄 펴낸날 2025년 3월 31일

커뮤니케이션북스(주)
출판 등록 2007년 8월 17일 제313-2007-000166호
02880 서울시 성북구 성북로 5-11
전화(02) 7474 001, 팩스(02) 736 5047
commbooks@commbooks.com
www.commbooks.com

ISBN 979-11-7307-632-9 03500

책값은 뒤표지에 표시되어 있습니다.

차례

카피 인지 감수성을 놓치지 말라

지금, 우리네 일상생활은 물론이거니와 광고산업계에도 놀라운 변화가 일어나고 있다. 광고 카피라이팅 분야도 예외는 아니다. 그동안 인공지능이 아무리 뛰어나도 인간의 창의성 영역은 넘보지 못하리라는 막연한 믿음이 있었다. 아니, 우리가 그렇게 믿고 싶었는지도 모른다. 2016년 3월, 이세돌이 알파고에게 1승 4패로 패했을 때도 놀라기는 했지만 인공지능이 바둑의 규칙을 달달 외운 결과로 애써 해석했다. 상상력과 창의성이 생명인 광고 크리에이티브 분야에서 인공지능의 활용 정도는 놀라울 정도로 확산되고 있다.

챗GPT 열풍이 들불처럼 번지자 생성형 인공지능에 대한 관심도 폭발적으로 증가했다. 인터넷이 처음 나왔을 때처럼 광고 카피라이팅 분야도 예외가 아니었다. 챗GPT는 글, 문장, 오디오, 이미지 같은 기존의 데이터를 바탕으로 전체를 설명하는 데 필요한 여러 요소인 매개변수(parameter)를 활용해 새로운 콘텐츠를 만드는 생성형 인공지능이다. 이러한 생성형 인공지능을 활용해

시간을 절약하는 대신 창의적인 일에 더 집중하겠다는 기대감도 크지만, 생성형 인공지능이 광고 카피라이터의 기대에 완벽히 부응할 수 있을지 단정하기 어렵다. 생성형 인공지능은 카피라이터들에게 맛있는 사과 선물이 될 것인가, 아니면 독이 든 사과가 될 것인가?

창의성 영역까지 넘보는 인공지능

지난 2016년 4월, 일본 광고계에서는 흥미로운 실험을 했다. 인간 크리에이터와 인공지능 크리에이터가 껌 브랜드 클로레츠(Clorets) 민트탭의 광고를 만들어 창의성 대결을 펼쳤다. "상큼한 10분간"이라는 키워드로 각각 광고를 만들어 투표로 승자를 결정하는 방식이었다. 투표 결과, 사람이 이겼지만 54% 대 46%라는 근소한 차이였다. KBS1-TV의 〈명견만리〉에서도 두 광고를 표결에 부친 결과(2017.4.21), 인공지능 크리에이터가 25표를 더 얻었다. 인공지능 크리에이티브 디렉터 '베타(AI-CD β)'가 광고상 수상작 10년 치를 분석해 광고를 만들었는데, 인간의 달 착륙에 비견할 만한 놀라운 사건이었다.

일본의 광고회사 덴쓰(電通)에서 2017년에 AI 카피라이터 아이코(AICO, AI Copywriter)를 개발한 이후, 인공지능이 인간의 상상력을 대체할 수 있느냐는 다양한 논

란이 유발됐지만, 생성형 인공지능이 급속히 부상하자 광고인들 사이에서 인공지능도 인간의 창의성 영역에 진입할 수 있다는 상당한 공감대가 이루어졌다. 중국 알리바바(阿里巴巴) 그룹 산하의 디지털 플랫폼 알리마마(阿里妈妈)에는 1초에 2만 줄의 광고 카피를 쓰는 인공지능 카피라이터가 입사했다.

생성형 인공지능은 광고회사의 카피라이팅 방법을 획기적으로 변화시켰다. 챗GPT(ChatGPT), 아이작(Ai-SAC), 뤼튼(wrtn), 겟지니(GetGenie), 재스퍼(Jasper), 카피스미스(CopySmith), 카피.에이아이(copy.ai) 같은 창작 도구에 접속해 핵심 키워드만 입력하면 광고 카피가 순식간에 쏟아져 나온다. 인공지능 카피라이터는 주목받는 사업 영역으로 떠올랐다. 일본과 중국에서 인공지능 카피라이터가 이미 활동하고 있고 우리나라에서도 '한국어 광고 문구' 분야는 생성형 인공지능 사업의 핵심 분야다. 인공지능 카피라이터의 실력도 계속 향상되고 있으니 자칫하다가는 인간 카피라이터가 밥을 굶게 생겼다.

여기까지는 인공지능이 놀라운 사과 선물 같아 보인다. 인공지능이 세상에 존재하는 모든 연결된 것들의 스마트함을 증강하기 때문에 '증강 지식(augmented intelligence)'을 가져다주는 선물 같은 기술이라고 평가한 학자도 있다(김주영, 2024). 그는 광고에서도 소비자에 대한 실시간 이해와 반응 예측을 통해 적재적소에 최적의 메시지를 노출해야만 그 광고가 의미 있는 역할을 하지만, 인공지능은 어디까지나 도구에 불과하다고 강조했다. 인간 지능(Human Intelligence)이 배제된 인공지능은 바보를 만드는 위험한 도구가 될 수 있다는 경고였다.

인공지능 창작 도구를 활용하면 단시간에 기초 업무를 손쉽게 마무리할 수 있지만, 어디까지나 카피라이팅의 기초 작업에 불과하다는 사실을 명심해야 한다. 인공지능 카피라이터를 활용하면 시간을 절약할 수 있다. 남는 시간은 창의적인 일에 더 집중할 수 있을 것이다. 인공지능 카피라이터가 맛있는 사과 선물이 될 것인지, 독이 든 사과 선물이 될 것인지는 어떻게 활용하느냐에 달려 있다. 인간 카피라이터에게 카피 창작을 의뢰하면 상당한 비용을 지출해야 하므로, 제작비가 부족한 광고주에게는 인공지능 카피라이터가 가뭄에 단비 같은 선물일 수 있다.

인공지능 카피라이터는 독이 든 사과처럼 느껴지기도 한다. 인공지능은 분명 장점이 많지만, 사고력을 기르는

'과정의 중요성'을 빼앗아 버리니 심각한 문제다. 수학에서는 해답이 아닌 풀이 과정을 중시한다. 전자계산기가 있어도 사칙연산을 가르치는 이유도 그 때문이다. 생성형 인공지능은 생각하고 배우는 과정을 거세하고 결과물을 바로 알려 준다. 카피를 썼다 지우고 다시 쓴 카피를 찢어 버리는 과정에서 사고력을 키우고 경험을 축적할 텐데, 인공지능 카피라이터는 그 모든 과정을 송두리째 앗아 가 버린다. 카피라이팅을 인공지능에 과도하게 의존하면 인간에게 필요한 사고 과정이 생략돼 결국 상상력이 퇴보할 가능성이 높다. 결국 인공지능이 놀라운 사과 선물인지 아닌지는 포장을 뜯고 장기간에 걸쳐 내용물을 살펴보고 나서 판단해야 할 것 같다.

광고 카피의 구성 요인

인공지능이 카피를 써 주는 시대라고 해도 광고 카피의 기본 개념과 구성 요인은 알아야 한다. 카피란 제품과 브랜드 및 서비스에 대한 정보를 소비자에게 전달하는 광고의 텍스트 부분이다. 광고 카피는 브랜드에 대한 느낌과 목소리를 반영하며 브랜드 메시지를 효과적으로 전달한다. 카피는 좁은 의미에서 헤드라인과 보디카피를 가리키기도 하고, 넓은 의미에서 시각적 표현을 포함한 광고물을 구성하는 모든 것을 가리킨다. 광고 메시지를 지탱하는 '메시지의 등뼈'인 카피를 어떻게 쓰느냐에 따라 설득 효과가 달라진다.

광고 카피는 브랜드와 제품 및 서비스의 특성과 혜택을 전달해 소비자가 구매 결정을 내리는 데 필요한 정보를 제공하며(정보 전달), 브랜드의 가치와 존재를 소비자에게 알리며 잘 쓴 카피는 브랜드의 인지도를 구축하는 데 결정적인 영향을 미친다(브랜드 인지도 제고). 광고 카피는 또한 소비자와 브랜드를 연결해 브랜드에 대한 긍정적인 인상과 감정적 애착을 형성하고(소비자와의 감성적 연결), 행동 요청(call to action)을 시도함으로써 소비자에게 '구매' '클릭' '등록' '다운로드'를 유도하기 때문에(행동 유도), 어떤 브랜드의 매출과 수익을 증가시키는 데 영향을 미치는 중요한 수단이다.

하지만 광고 전략과 정확히 일치하는 내용을 썼다고 해서 그것을 창의적인 카피라고 할 수 없다. 현대 광고에서는 카피를 협의의 개념이 아닌 광고 메시지를 구성하는 전체 구성 요소로 보는 광의의 개념으로 이해하려는 관점이 우세하다. 새삼스러운 질문이지만 카피란 무엇인가? 이에 대한 정의는 다양하다. 국어사전을 찾아보면, 카피는 베낀 것, 사본, 등사, 모사의 뜻이다. 광고 관련 용어로는 광고 문장 또는 광고 문안으로 쓰인다. 광고 용어로서의 카피는 다음과 같은 네 가지 의미를 담고 있다.

첫째, 좁은 의미의 카피는 헤드라인과 본문(body copy)을 의미한다.

둘째, 본문 이외의 오버 헤드라인, 서브 헤드라인, 슬로건(브랜드 슬로건, 기업 슬로건, 캠페인 슬로건), 리드, 소제목을 의미한다.

셋째, 브랜드 이름, 기업 이름, 가격 표시, 상품의 사양(spec: 활용 기간, 활용법, 기타), 광고주의 요구 사항 등이다.

넷째, 넓은 의미의 카피는 광고물을 구성하는 모든 것(시각적 표현 포함)을 말한다.

일반적으로 활용되는 카피의 의미는 첫째 둘째 셋째의 의미를 합한 것을 가리키며, 넷째는 광고 효과 측정에서의 카피 테스팅(copy testing)을 할 때 쓰는 개념이다. 따라서 광고의 등뼈인 카피는 광고의 여러 가지 구성 요인 중에서 글이나 말로 표현되는 모든 것을 의미한다고 하겠다. 이 같은 카피를 쓰는 과정을 카피라이팅(copywriting)이라고 하며, 카피를 쓰는 사람을 카피라이터(copywriter, 카피 창작자)라고 한다. 그렇다면 이 같은 사전적 의미 말고 카피란 무엇일까? 광고 기획서나 크리에이티브 브리프에 기술된 광고 콘셉트를 그럴듯한 말로 풀어쓰면 창의적인 카피가 되는 것일까? 카피에 대한 다음의 정의를 살펴보자. "카피란 광고주의 생각을 모사(模寫)해 내고, 소비자들의 마음을 모사해 낸 다음 그것을 절묘하게 결합시킨 것이다."(김정우, 2006, 40쪽) 즉, 광고 전략과 일치하고 그것을 제대로 표현했다고 해서 창의적인 카피일 수 없다는 뜻이다. 논문 제목 같은 죽은 언어로 쓴 카피에 관심을 가질 소비자는 없다. 카피 창작의 핵심은 광고 전략을 바탕으로 소비자가 집중하도록 메시지의 수준을 정교화하는 데 있을 것이다. 또 카피 속에 광고주가 전달하고 싶어 하는 메시지를 충분히 담아 소비자의 공감을 충분히 유발해야 한다는 점에서, 카피 창작의 기본 요인에는 양쪽의 생각을 베끼는 측면도 있다.

한편, 광고에서 글로 표현된 것만이 아닌 광고의 모든 구성 요인을 카피로 보기도 한다. 카피에 어울리지 않는 비주얼이라면 그것이 광고에 쓰일 까닭이 없으며 카피와 어울리지 않는 모델이라면 처음부터 고려 대상이 되지 못했을 것이다. 카피를 단지 글로 쓰인 언어적인 것만으로 해석하지 않고, 광고의 전체 구성 요소로 더 넓은 의미에서 해석해야 한다는 뜻이다. 따라서 넓은 의미에서의 카피는 광고 메시지를 표현하는 아이디어 전체를 지칭한다고 하겠다.

여기에서는 넓은 의미에서의 카피가 아닌, 글이나 말에 관련되는 협의의 카피 요인에 관해 설명하고자 한다. 즉, 인쇄 광고에서는 헤드라인(headline), 오버라인(overline), 서브헤드(subhead), 보디카피(body copy), 슬로건(slogan), 캐치프레이즈(catchphrase), 캡션(caption) 등이 카피에 해당된다. 또 전파 광고에서는 동영상을 제외한 자막 부분과 소리로 전달하는 모든 메시지를 카피라고 할 수 있다. 프로스펙스 사하라 광고를 바탕으로 카피의 구성 요인을 개략적으로 설명하면 다음과 같다.

헤드라인(Headlines)은 광고 아이디어에 알맞게 크리에이티브 콘셉트를 비약시켜 소비자가 이해하기 쉽게 표현하는 광고의 핵심 메시지다. 소비자에게 보디카피나 비주얼 같은 광고의 여러 구성 요소에 주목하게 함으로써 소비자의 기억을 활성화한다. 인쇄 광고에서의 헤드라인은 대체로 가장 큰 글씨체로, 전파 광고에서의 헤드라인은 내레이션이나 자막으로 강조해서 표현하는 것이 일반적이다. 보디카피를 읽거나 듣도록 유도하고, 오래오래 기억할 수 있는 메시지가 좋은 헤드라인이다.

오버라인(Overlines)이란 헤드라인 위에 배치돼 헤드라인만으로 메시지를 전달하기 부족할 때 헤드라인으로 유도하는 카피다. 광고 실무계에서는 오버헤드(Overhead)라는 용어를 보편적으로 쓰고 있지만, 미국의 카피라이터 필립 버튼은 오버라인이 가장 정확한 용어라고 주장했다(Burton, 1996, p.13). 광고에서 오버라인이 꼭 필요하지는 않으며 헤드라인만으로는 부족한 느낌이어서 헤드라인을 읽으라고 유도하는 카피가 필요할 때 오버라인을 쓴다. 그러나 오버라인 없이 헤드라인만으로 메시지를 충분히 전달할 수 있으면 헤드라인만 쓰는 것이 바람직하다.

서브헤드(Subheads)는 헤드라인의 바로 아래에 배치돼 헤드라인을 보완하는 카피다. 헤드라인만으로 핵심 광고 메시지를 전달하는 것이 바람직하지만, 헤드라인만으로 내용을 전달하기가 미흡할 때는 서브헤드를 써서 헤드라인을 뒷받침해야 한다.

보디카피(Body copy)는 헤드라인을 읽고 난 소비자에게 더 구체적인 정보를 전달하기 위해 덧붙이는 광고 메시지의 몸체 부분이다. 소비자의 구매욕을 높이기 위해서는 흥미성, 통일성, 단순성, 강조성, 설득성의 요소가 보디카피에서 조화를 이뤄야 한다.

슬로건(Slogan)은 상품의 소비자 혜택이나 기업 철학을 짧고 기억하기 쉬운 소비자 언어로 표현해 장기간 반복적으로 활용하는 카피다. 원래 위급한 때를 알리는 소리에서 파생되었으나, 오늘날에는 기업 철학이나 상품의 특성을 일정 기간 반복적으로 활용해 기업이나 상품이 추구하는 바를 나타내는 지향점이기도 하다. 반면에 캐치프레이즈(Catchphrases)는 슬로건에 비해 단기간 활용하기 위한 목적에서 쓰는 카피로, 소비자의 구체적이고 즉각적인 구매 행동을 촉구하는 내용이 대부분이다.

캡션(Captions)은 광고에 제시된 상품, 일러스트레이션, 쿠폰, 광고 그림, 그리고 광고 사진 주변에서 제시된 내용을 설명하는 카피다. 캡션은 보디카피와는 별도로 광고에서의 삽화나 사진 주위에 작은 활자로 된 짧은 글로 주제를 서술하거나 설명하며, 사진과 언어를 이상적으로 결합하고 소비자의 사진에 대한 자의적인 해석을 배제하는 기능을 수행한다.

자막(Subtitles)은 텔레비전 광고에서 영상 메시지를 보완하거나 독자적인 기능을 발휘할 목적으로 화면에 문자 형태로 처리한 카피다. 그리고 기업이나 브랜드의 로고(Logotypes), 상품이나 브랜드의 즉각적인 이용을 권유하는 추천문(Blurbs), 만화에서의 대화처럼 메시지를 전달하는 말풍선(Balloon), 서명(Signatures) 같은 기타 카피 요소가 있다.

불가근불가원의 관계 정립

저비용 고효율이라는 현실적인 이유 때문에 인공지능 카피라이터가 광고산업계에서 호응을 얻고 있다. 수준 높은 인간 카피라이터에게 카피 창작을 의뢰하면 상당한 비용을 지출해야 하므로, 제작비가 부족한 광고주에게는 인공지능 카피라이터가 가뭄에 단비 같은 선물일 수 있다. 답을 얻는 데 필요한 입력 값인 프롬프트 작성 능력에 따라 결과물의 품질이 달라지므로, 감동적인 카피를 얻기 위해 인간 카피라이터가 프롬프트 엔지니어링(prompt engineering) 역량을 키우는 문제도 중요해졌다.

인공지능 카피라이터가 인간 카피라이터 모두를 대체할 수는 없겠지만, 인공지능 저작 도구를 잘 활용하는 카피라이터는 그렇지 못한 사람보다 다채로운 카피를 쓸 가능성이 높다. 그럼에도 인공지능 카피라이터에게 모든 것을 맡긴다면 바보가 될 수도 있다. 감동적인 카피한 줄이 나오기까지 인간 카피라이터가 쏟은 땀과 열정은 말로 설명하기 어렵다. 인공지능이 생성하는 카피 자료가 아무리 넘쳐흘러도, 카피라이터에게 옥석을 가려낼 눈썰미나 정리 정돈 능력이 없다면 쓰레기 더미에 불과하다. 제4차 산업혁명 시대의 DNA(Data, Network, AI)가 중요하고 인공지능 창작 도구를 활용하는 능력도 키워야겠지만, 사고 과정이 생략된다면 모두 빈껍데기일 뿐이다.

디지털 시대에 창의적 사고(creative thinking)와 비판적 사고(critical thinking)가 더더욱 중요해진 이유도 바로 그 때문이다. 광고 카피를 썼다가 지우고 광고 시안을 찢어 버리고 다시 카피를 쓰는 과정에서 사람은 경험을 축적할 텐데, 인공지능 카피라이터만 활용하다 보면 소중한 과정이 송두리째 생략돼 버린다. 따라서 인공지능 카피라이터와 가깝지도 멀지도 않은 불가근불가원(不可近不可遠)의 관계를 정립해야 한다(김병희, 2023). 결국 인간 카피라이터는 인공지능 카피라이터의 장점은 취하고 단점은 버리며 인공지능을 슬기롭게 활용해야 한다.

인간 카피라이터가 인공지능 카피라이터에게 지배당할 것인지 함께 공존할 것인지에 대한 논쟁은 이제 무의미해졌다. 미래학자 레이 커즈와일(Ray Kurzweil)은

2045년 무렵에 AI가 인간의 지능을 뛰어넘을 것이라고 예측했지만 예상보다 빨라질 듯하다. 인공지능 카피라이터도 나날이 실력을 키우고 있다. IBM의 최고경영자 지니 로메티(Ginni Rometty)는 인공지능 시대에는 블루칼라도 화이트칼라도 아닌 '뉴 칼라(New Collar)' 계층이 떠오른다고 했다. 뉴 칼라란 인공지능을 이해하고 관리하고 활용할 줄 아는 사람이다. 다시 말해서 인공지능을 활용하는 사람만이 앞으로 더 나아갈 수 있다는 뜻이다. 인공지능을 위협적인 기계로만 인식할 필요는 없다. 사람이 해내기 어렵거나 시간이 많이 필요한 작업을 인공지능에게 맡기면 광고 업무에서 생산성이 향상될 것이다.

인간의 상상력을 전제하지 않고 인공지능만 신뢰하는 것은 오만이며, 인간의 상상력만 신뢰하고 인공지능을 활용하지 않는 것은 태만이다(김병희, 2021). 오만과 태만 사이에서, 인간 카피라이터와 인공지능 카피라이터의 관계를 지혜롭게 정립하는 문제가 정말 시급해졌다. 카피라이팅을 인공지능 카피라이터에게 과도하게 의존하면 사고력을 키우는 과정의 중요성을 빼앗겨 '카피 인지 감수성'이 퇴보할 가능성이 크다. 이 책을 읽는 독자들이 인공지능 카피라이터의 장점은 취하고 단점은 버리며 슬기롭게 활용하는 능력을 키워 '뉴 칼라 카피라이터'가 되기를 기대한다.

참고문헌

김병희(2021). 인공지능이 바꾼 광고세상. 『디지털 시대의 광고 마케팅 기상도』(29-44쪽). 서울: 학지사.

김병희(2023.5.22). 챗GPT와 카피라이팅은 불가근불가원의 관계. ≪한국경제≫, A33면.

김정우(2006). 『카피연습장1: 아이디어와 인쇄광고 편』. 서울: 커뮤니케이션북스.

김주영(2024). AI가 바꾸는 소비자 경험. 김주영 외 지음. 『기획부터 윤리까지 AI가 바꾸는 광고와 PR』(15-47쪽). 서울: 이프레스.

Burton, P. W.(1996). *Advertising Copywriting* (7th Ed.). Lincolnwood, IL: NTC Business Books.

Rutz, O. J. & Bucklin, R. E.(2011). From Generic to Branded: A Model of Spillover in Paid Search Advertising. *Journal of Marketing Research*, 48(1), 87-102.

01
디지털 시대의 광고 생태계

디지털 시대의 광고 생태계에서 주목할 한한 세 가지 현상은 양면 시장성의 네트워크 효과, 소비자 데이터의 중요성, 광고 기술의 접목이다. 광고에서 인공지능을 활용하는 이유는 실행 최적화의 목적, 개인 맞춤형의 목적, 광고 창작 자동화의 목적, 수용자 타기팅의 목적, 미디어 믹스 모델링의 목적 때문이다. 세 가지 현상에 주목하고 인공지능의 활용 목적을 이해한다면 디지털 시대의 '뉴 칼라'가 될 것이다.

AI와 1인 창업?

양면 시장성의 네트워크 효과

디지털 시대의 광고산업은 플랫폼 내의 불특정 다수의 이용자에게 광고를 노출하고, 상품과 서비스를 구매하고자 하는 소비자들이 사이트에 편리하게 접속하도록 접근성을 높여 나가고 있다. 디지털 광고산업은 온라인 플랫폼의 양면 시장성이라는 특성을 가진다. 디지털 광고는 수요자와 공급자 간에 이루어지는 상호작용을 데이터로 수집하고, 알고리즘을 통해 이 데이터를 분석하고 활용한다. 따라서 디지털 플랫폼에 기반한 디지털 광고에서는 이용자 수가 증가함에 따라 플랫폼의 가치가 올라가고 이용자가 효용을 얻는 네트워크 효과도 개선된다(김병희 · 손영곤, 2023).

네트워크 효과란 이용자의 특정 재화에 대한 수요도가 다른 이용자의 수요에 영향을 미치는 현상을 말하는데, 이는 크게 직접 네트워크 효과와 간접 네트워크 효과로 구별된다. 직접 네트워크 효과란 플랫폼 내 이용자가 동일 상품을 사용하는 집단 내 다른 이용자의 선택에 직접적으로 영향을 미치며 플랫폼의 가치를 변화시키는 현상을 말한다. 주로 같은 집단의 이용자 관계에서 나타나는 직접 네트워크 효과는 수많은 이용자가 재화를 구매하면 할수록 장단점이 극명하게 드러난다.

간접 네트워크 효과는 A집단 이용자들이 증가함으로써 플랫폼에 발생하는 이익의 증감이 B집단의 이용자들에게 영향을 미치는 것을 말한다. 디지털 광고 플랫폼에서 간접 네트워크의 효과는 소비 이용자의 입장에서 더 많은 상품과 정보를 하나의 플랫폼에서 비교하고, 판매 이용자의 입장에서 더 많은 소비자에게 제품을 판매해 수익을 높이는 것이다. 디지털 시대에 대부분의 플랫폼 산업은 디지털 광고의 양면 시장성을 활용해 수익을 창출하고 있다.

소비자 데이터의 중요성

데이터 집중 문제는 디지털 광고산업의 핵심 쟁점이다. 디지털 데이터는 시장의 수요와 트렌드 예측치의 정확도를 높여 생산성을 높이는 데 활용되며, 많은 데이터가 유통될수록 플랫폼에서 수요 공급의 매칭 정확도도 높아진다. 디지털 시대의 광고 활동에서 데이터의 수집 전략은 경쟁력을 높이는 핵심이지만, 데이터의 수집으로 인해 개인의 프라이버시가 침해되거나 시장에서의 지배적 지위가 남용될 가능성도 높다.

디지털 광고산업계에서는 플랫폼 이용자의 구매 정보, 행태 정보, 개인 정보, 위치 정보 같은 방대한 데이터를 바탕으로 맞춤형 광고를 제공하는 빅데이터 기반 마케팅이 보편화하고 있다. 이용자의 데이터를 분석하면 이용자가 선호할 것으로 예상되는 상품 정보를 얻을 수 있다. 디지털 광고산업계에서는 플랫폼의 이용자 집단이 다양한 상품 정보를 하나의 플랫폼에서 비교할 수 있도록 플랫폼의 기능도 향상했다.

플랫폼 기업들이 체감하는 이용자 데이터의 가치는 매우 중요하다. 이용자 데이터는 시장 지배력을 확보하는 문제와 관련되기 때문이다. 서버의 단순 방문과 검색 행위만으로도 브라우징과 검색 기록을 수집해 데이터를 생산할 정도로 디지털 광고 플랫폼에서 수집할 수 있는 이용자의 데이터 정보는 상세하고 미묘하다. 결국 디지털 광고산업의 경쟁력은 플랫폼 이용자의 경험을 얼마나 구체적으로 개인화시켜 시장 지배력의 요소로 활용할 수 있는지에 달려 있다.

광고 기술의 접목

광고 기술(ad tech)이란 광고와 기술의 합성어로 첨단 정보통신 기술을 접목한 광고를 의미한다. 광고 기술은 단순히 광고를 구현해 내는 기술을 넘어 온라인과 모바일 이용자가 남긴 방문 기록을 기반으로 최적의 사용자를 실시간으로 겨냥하는 기술과 광고 효과를 높이기 위해 스마트하게 노출하는 기술을 포함한다. 결국 '사용자 중심 논리에 기초한 개인화'의 개념으로 정리되는 디지털 광고에서는 데이터를 관리하고 처리해 맞춤형 광고로 제공하는 알고리즘 같은 일련의 기술도 중요한 의미가 있다.

디지털 광고는 빅데이터, 인공지능, 가상현실, 증강현실, 혼합현실, 메타버스, 홀로그램, 디지털 사이니지, 웨어러블 디바이스 같은 첨단 정보통신 기술을 활용해 광고 효과를 높이고 있다. 디지털 광고 기술은 구매자의 경험을 계속 확장하고, 구매자와 판매자 간의 상호작용을 강화하고 있다. 광고의 계약과 포스팅에 필요한 모든 과정을 자동화하는 프로그래매틱 광고(programmatic advertising)나 애드 네트워크(ad network)가 광고 기술에 의해 구현되는 디지털 광고의 대표 사례다. 급속히 고도화하고 있는 광고 기술은 정보통신 기술의 발달과 함께 디지털 광고의 전문성과 특수성을 강화하며 다양한 광고 콘텐츠를 발전시키는 데 기여할 것이다.

광고에서 인공지능을 활용하는 다섯 가지 목적

다른 분야와 마찬가지로 광고와 마케팅 분야에서도 인

공지능을 급속히 수용하고 있다. LG전자는 2018년 11월에 자체 인공지능 시스템인 씽큐(ThinQ)를 알리기 위해 상황 인지형 광고 캠페인을 유튜브에서 진행했다. 광고 업계에서는 빅데이터와 인공지능 기술이 결합될 때 가능한 상황 인지형 광고에 대해 폭 넓게 주시했다. 인공지능의 활용 분야가 갈수록 넓어지겠지만, 광고와 마케팅 분야에서는 현재 다섯 가지의 목적을 달성하는 데 인공지능 기술이 활용되고 있다(김병희, 2021).

첫째, 실행 최적화(performance optimization)의 목적이다. 기계학습 알고리즘은 어떤 플랫폼에서 광고와 마케팅 활동이 제대로 수행되는지 신속히 분석해서 개선 방안을 제시한다. 인공지능은 실행 과정을 자동화해 시간과 비용을 절약해 준다. 프로그래매틱 광고 거래 활동에서는 인공지능의 기계학습 알고리즘에 따라 광고 구매와 판매가 실시간으로 이루어진다. 예산이 어떻게 쓰이는지, 누가 광고를 보는지, 광고 캠페인이 얼마나 효과적인지도 인공지능이 분석할 수 있다. 광고 캠페인의 성과와 예산 집행의 효율성은 광고 거래를 지원하는 인공지능과의 상호작용에 따라 좌우된다.

둘째, 개인 맞춤형(personalization)의 목적이다. 인공지능은 기계학습을 통해 소비자 행동 자료를 실시간으로 제시한다. 대량 마케팅 활동은 앞으로 효과가 낮아질 수밖에 없다. 인공지능은 인구통계적 특성이나 심리적 특성을 비롯한 빅데이터를 바탕으로 최적의 맞춤형 분석 결과를 제시하므로, 기획자들은 광고와 마케팅 전략을 더욱 현실적인 맥락에서 수립할 수 있다. 예측 분석 알고리즘은 온라인이나 오프라인 상황에서 구매할 가능성이 가장 높은 소비자 집단을 지정해 준다. 따라서 인공지능을 활용해서 더 현실적이고 상관성 높은 개인 맞춤형의 광고 마케팅 활동을 전개할 수 있다.

셋째, 광고 창작 자동화(automatic ad creation)의 목적이다. 인공지능을 활용하면 광고 목표에 적합하게 광고 창작 과정을 자동화할 수 있다. 소셜미디어 광고 플랫폼에서는 링크를 연결해서 실행하는 지능형의 자동화 광고도 가능해졌다. 인공지능은 자연어를 생성해서 처리하기 때문에 뛰어난 광고 카피를 짧은 시간에 대량으로 쓸 수도 있고, 스스로 깨우치는 기계학습을 하기 때문에 시간이 흐를수록 더 좋은 카피를 쓸 가능성이 높다. 결국 인공지능은 광고 창작과 캠페인 활동을 전개하는 데 기여하는 동시에 광고 창작 작업을 간소화하고 비용을 절감하는 데도 상당한 도움이 된다(Kaput, 2021).

넷째, 수용자 타기팅(audience targeting)의 목적이다. 표적 시장을 선정하는 것은 광고와 마케팅의 출발점이다. 마케터나 광고 기획자는 인공지능을 활용해 표적 시장을 선정한 다음 소비자들의 반응을 분석할 수 있고, 광고비 지출의 효과성을 비교해 어떤 전략이 더 나은 성과를 유도하는지도 알 수 있다. 기계학습에 수반되는 데이터의 피드백 회로(loop)를 만들어, 단순한 자료에서도 더 많은 소비자를 움직일 수 있는 통찰력을 발견할 수도 있다. 사람이 개입하지 않아도 스스로 깨우치며 개선해 나가는 인공지능의 잠재력은 기존에 써 오던 광고와 마케팅 프로그램으로는 따라잡기 어렵다.

다섯째, 미디어 믹스 모델링(media mix modeling)의 목적이다. 인공지능은 소비자들이 각각 다른 채널의 메시지에 어떻게 반응하는지 분석해, 미디어의 조합을 구체화하는 방안을 지속적으로 제시한다. 광고주는 그 방안에 따라 최적의 미디어 믹스 전략을 결정하고 광고 효과를 높일 수 있다. 인공지능이 제시한 자료에 따라 광고 메시지에 호의적이며 브랜드 충성도가 높은 소비자를 식별할 수도 있고, 채널별 메시지에 알맞게 소비자 집단을 최적화할 수도 있다. 결국 인공지능은 주어진 예산을 바탕으로 광고 효과를 극대화할 최적의 미디어 믹스 전략을 자동으로 도출해 줄 것이다.

인공지능 창작 도구의 기대 효과

현대 광고가 19세기 초중반의 제2차 산업혁명과 더불어 태동했기 때문에, 대략 이 시기를 전후해서 지금과 유사한 카피라이팅 개념이 나타났다고 추론할 수 있다(김동규, 2017, 55쪽). 카피라이터라는 직업의 역사가 그렇게 시작된 것이다. 이제, 제4차 산업혁명의 시대에 접어들어 인공지능 카피라이터가 인간 카피라이터의 영역을 넘보고 있으니, 앞으로 카피라이터라는 직업의 미래가 어떻게 달라질 것인지 자못 궁금해진다.

아이작(AiSAC), 뤼튼(Wrtn), 챗GPT 같은 인공지능을 활용한 창작 도구는 카피라이팅 작업에 도움이 된다. 생성형 인공지능은 콘텐츠 창작자의 업무량을 줄여 주고 창작자가 창의성을 발휘하게 하는 데 기여하고 있다. 광고 카피라이터가 업무를 수행할 때 인공지능 창작 도구를 활용하면 기초 자료를 확보하고 시간을 절약할 수 있다. 인공지능을 활용한 창작 도구가 광고 카피라이터의 업무에 구체적으로 어떻게 도움이 되는지 살펴보자(김병희, 2024).

첫째, 인공지능을 활용한 창작 도구는 아이디어 발상 과정에서 도움을 준다. 카피라이터들이 크리에이티브 문제로 고민하는 과정에서 초벌 아이디어를 빨리 얻고 싶을 때 생성형 인공지능을 활용하면 구체적인 도움을 얻을 수 있다. 예컨대, 환경을 사랑하는 브랜드를 알리는 슬로건의 아이디어를 찾아 달라고 하면 인공지능 카피라이터는 "지구를 위한 선택"이나 "지구를 위한 한 걸음" 같은 슬로건 초안을 생성해 줄 것이다.

둘째, 인공지능을 활용한 창작 도구는 카피 스타일을 수정할 때 도움이 된다. 인공지능을 활용해 진지한 느낌의 카피를 쓰거나 경쾌하고 활기찬 느낌의 카피를 쓸 수 있다. 인공지능 카피라이터에게 진지한 느낌의 카피를 써 달라고 하면 "고품질의 원재료를 활용해 만든 제품"이라는 카피를 생성해 주고, 경쾌한 느낌으로 카피를 써 달라고 하면 "즐거움이 두 배. 재료의 품질부터 다릅니다"라는 초벌 카피를 써 줄 것이다.

셋째, 인공지능을 활용한 창작 도구는 카피라이터가 다양한 정보를 분석할 때도 구체적인 도움을 줄 수 있다. 생성형 인공지능은 상당량의 정보를 분석한 결과를 바탕으로 광고 카피를 쓰려고 할 때 많은 도움이 된다. 예컨대, 어떤 제품의 특성, 소비자들의 제품 평가, 최신 트렌드 같은 정보를 알려 주면 인공지능 카피라이터는 "최신 트렌드에 맞춘 X브랜드의 매혹" 같은 카피를 곧바로 써 줄 것이다.

나아가 인공지능을 활용한 창작 도구는 크리에이티브 과정에서 속도를 내고 다양한 아이디어를 얻을 때도 도움이 된다. 인공지능 카피라이터는 사람 카피라이터가 크리에이티브 업무를 하는 과정에서 시간을 절약해 주기 때문에, 인공지능 창작 도구를 다양한 맥락에서 활용할 수 있다. 인공지능을 활용한 창작 도구가 제공해 주는 다양한 정보를 광고산업의 여러 분야에서 활용할 수 있는데 가장 대표적인 분야가 콘텐츠 생성에 관한 업무다. 콘텐츠 생성이 필요할 때 인공지능 창작 도구를 다음과 같이 활용할 수 있다.

첫째, 개인 맞춤형의 콘텐츠를 생성할 때 인공지능 창작 도구를 활용할 수 있다. 인공지능은 소비자의 개인적인 선호와 행동 패턴을 분석해 개인 맞춤형의 광고 카피를 쓰는 데 도움을 준다. 예컨대, 소비자가 이전에 어떤 제품을 구매했는지 혹은 어떤 종류의 광고에 반응했는지 같은 기존의 여러 자료를 분석해 광고 카피를 생성해 준다.

둘째, 자동화된 광고 카피를 생성하려 할 때 인공지능 창작 도구를 활용할 수 있다. 인공지능 창작 도구는 이미 수집한 데이터를 바탕으로 광고 카피를 생성해 낸다. 인공지능 카피라이터가 광고 카피를 생성해 주면 인간 카피라이터는 사람들이 관심을 가질 만한 메시지나 어떤 핵심어를 활용해 자신이 원하는 콘텐츠를 만들 수 있다.

셋째, 이미지와 영상 콘텐츠를 생성하려고 할 때 인공지능 창작 도구를 활용할 수 있다. 인공지능 기술이 발전함에 따라 이미지와 영상 콘텐츠를 자동으로 생성할 수 있게 됐다. 인공지능 창작 도구는 소비자의 선호도를 기반으로 이미지와 영상을 생성하거나 주목할 만한 시각적 요소를 포함해 광고 콘텐츠를 최적화할 수 있다.

넷째, 시안을 비교하는 A/B 테스팅을 실시할 때 인공지능 창작 도구를 활용할 수 있다. 인공지능 창작 도구는 다양한 광고 콘텐츠를 자동으로 생성하고 서로 비교함으로써 어떤 콘텐츠가 상대적으로 더 효과적인지 판단하도록 도와준다. 나아가 비교해서 얻은 정보를 바탕으로 광고 콘텐츠를 보완하고 최적화할 수 있도록 도와준다.

다섯째, 콘텐츠를 최적화할 때 인공지능 창작 도구를 활용할 수 있다. 인공지능 창작 도구는 소비자의 반응을 고려해 광고 내용을 계속 보완할 수 있다. 인공지능 카피라이터는 어떤 카피가 좋은 반응을 얻었는지 또는 어떤 시각적 요소가 소비자의 관심을 끌었는지를 분석해 인간 카피라이터가 반영하거나 수정할 수 있도록 도와준다.

참고문헌

김동규(2017). 『광고 카피의 탄생1: 카피라이터와 그들의 무기』. 파주: 한울엠플러스.

김병희(2021). 인공지능이 바꾼 광고세상. 『디지털 시대의 광고 마케팅 기상도』(29-44쪽). 서울: 학지사.

김병희(2024). AI가 바꾸는 광고PR 카피라이팅. 김주영 외 지음. 『기획부터 윤리까지 AI가 바꾸는 광고와 PR』(121-156쪽). 서울: 이프레스.

김병희·손영곤(2023). 『광고 생태계 변화에 따른 광고산업 통계조사 개선 방안』. 서울: 한국광고총연합회.

Kaput, M.(2021.4.22). How to Use Artificial Intelligence in Advertising. Marketing Artificial Intelligence Institute. https://www.marketingaiinstitute.com/blog/how-to-use-artificial-intelligence-in-advertising

02
인공지능 카피라이팅 도구

카피를 써 주는 인공지능 카피라이팅 도구는 국내외를 통틀어 대략 200여 개가 있다. 인공지능이 직접 카피를 써 주는 설루션은 계속 등장할 것이다. 여러 AI 카피라이팅 도구 중에서 카피를 쓰는 수준과 카피 생성 가짓수를 기준으로 비교적 주목할 만한 도구는 대략 일곱 가지를 꼽을 수 있다. 인공지능 카피라이팅 도구는 전체적인 글의 주제나 키워드를 바탕으로 학습해 원하는 형식에 맞게 카피를 생성한다.

AI와 MBTI?

챗GPT

챗GPT(ChatGPT)는 오픈(Open)AI에서 개발한 자연어 처리(Natural Language Processing, NLP) 방식의 인공지능 모델이다. 챗GPT는 엄밀히 말해서 카피라이팅에 특화된 서비스는 아니지만, 광고 카피라이팅에서 다양한 맥락으로 활용할 수 있다. 2018년에 GPT가 처음 발표된 이후, 2019년에 GPT-2가, 2020년에 GPT-3가, 2021년에 챗GPT-4가 발표됐다. 한 전문가는 여러 인공지능 애플리케이션을 비교한 다음 GPT-4의 성능이 현재까지 나온 생성형 인공지능 중에서 동종 최고 수준이라고 평가했다(김태용, 2023). 챗GPT는 글, 문장, 오디오, 이미지 같은 기존의 데이터를 바탕으로 전체를 설명하는 데 필요한 요소인 매개변수(parameter)를 활용해 새로운 콘텐츠를 생성해 주는 인공지능이다. 상당한 수준의 카피를 생성하지만 때로는 한국인의 정서와 맞지 않는 카피를 쓰는 경우도 있으니 카피라이터는 카피를 고르는 안목을 키워야 한다.

아이작

한국방송광고진흥공사(KOBACO)에서 개발한 광고 창작 지원 플랫폼 아이작(AiSAC)은 215만 건 이상의 광고

자료를 학습해 순식간에 카피를 쏟아낸다. 아이작은 인공지능 기반의 공공 인프라로 카피라이팅을 비롯한 광고 제작 전반을 지원하는 최적화 설루션(solution)이다(박종구, 2023). 사용 모델인 코지피티(KoGPT)는 카카오브레인에서 오픈AI의 GPT-3 모델을 한국어에 알맞게 특화한 것으로, 제품과 프로젝트에 관련된 키워드를 입력하고 생성 버튼을 클릭하면 카피가 생성된다. 아이작을 활용하면 시장 트렌드와 소비자 분석, 광고 카피의 생성, 광고 영상 아카이브에서 객체 정보의 식별, 스토리보드의 제작 같은 광고 제작에 필요한 모든 것이 가능하지만, 광고 카피의 생성에 대해서만 간략히 살펴보자. 상품과 서비스 범주, 상품과 서비스명, 키워드를 입력하면 아이작이 적절한 광고 카피를 자동으로 생성해 주며, 생성된 카피는 카피라이터가 직접 수정할 수도 있다. 아이작은 인스타그램이나 유튜브 콘텐츠에서 광고 카피에 적합한 이미지를 추천해 주기도 하니 광고 콘티도 구체적으로 완성할 수 있다. 프로젝트명, 카테고리, 키워드를 입력하고 버튼을 누르면 열 개의 카피를 생성해 주는 아이작은 대학생들에게 큰 도움이 되고 있다.

뤼튼

카피를 쉽게 쓸 수 있도록 도와주는 뤼튼(wrtn)은 한국어 맞춤형 카피라이팅 도구로, 키워드를 입력하면 원하는 카피를 생성해 주는 인공지능 기반의 콘텐츠 생성 플랫폼이다. 뤼튼의 사용 모델인 하이퍼클로바X(HyperCLOVA X)는 네이버가 개발한 인공지능 모델로 GPT-3보다 규모가 크고 한국어에 최적화되어 있다. 간단한 키워드를 입력하는 것만으로 블로그 포스팅부터 이메일 작성과 보도자료 작성까지 다양한 형태의 글을 쓸 수 있다. 카피라이팅, 블로그 포스팅, 해시태그 추천 같은 기능이 '툴(tool)'이다. 간단한 키워드만 입력하면 광고 카피나 블로그 포스팅 같은 목적에 알맞게 초안을 만들어 준다. 마음에 드는 카피를 원하는 대로 복사할 수도 있고, 카피가 마음에 들지 않으면 자동 생성 버튼을 눌러 계속해서 카피를 받아 볼 수 있다. 제품명, 핵심 내용, 톤 앤 매너를 선택하고 버튼을 누르면 카피가 생성된다. 뤼튼이 생성하는 카피는 아이작보다 조금 길이가 길다. 그리고 선택한 톤 앤 매너에 알맞게 카피를 생성하고, 별도의 프로그램을 설치하지 않아도 웹에서 바로 카피를 쓸 수 있고, 초보자도 쉽게 사용할 수 있는 인터페이스이며, 한국어를 지원한다는 장점이 있다. 반면에 가끔씩 사실과 다른 카피를 생성하거나 외국어를 지원하지 못한다는 단점도 있다.

겟지니

겟지니(GetGenie)는 카피 쓰기를 비롯해 홍보용 보도자료 작성에 이르기까지 모든 유형의 글을 생성해 준다. 겟지니에는 37개 이상의 카피 템플릿이 있으며, 다양한 유형의 카피를 원하는 대로 생성해 준다. 이용자는 생성해 주기를 바라는 카피에 대한 간략한 설명만 제공하면 된다. 겟지니는 원클릭으로 블로그 게시물을 생성하고, 키워드 조사 및 경쟁사 분석을 위한 심층 데이터를 추출하고, 검색엔진 최적화(Search Engine Optimization, SEO)에 적합한 카피 결과물도 생성할 수 있다. 겟지니는 소셜 미디어와 이메일 카피라이팅의 템플릿이 풍부하기 때문에 AI 카피라이터이자 AI 콘텐츠 작가라 할 수 있다(김병희, 2024).

재스퍼

재스퍼(Jasper)는 다른 인공지능 카피라이터와 마찬가지로 GPT-3 기술을 활용하는 자연어 처리 소프트웨어로, 독특하고 매력적인 콘텐츠를 생성하는 데 필요한 카피라이팅의 모든 필수 템플릿이 있다. 재스퍼는 카피라이터가 요청하는 지침을 효율적으로 수행하며, 소셜 미디어 카피, 랜딩 페이지 카피, 이메일 카피, 제품 설명 카피 같은 다양한 카피 쓰기를 할 수 있다. 카피의 톤 앤 매너(tone & manner)를 조절할 수 있고, 콘텐츠 템플릿을 50개 이상 제공하고, 다국어의 호환성이 뛰어나다는 점도 재스퍼의 장점이다.

카피스미스

카피스미스(CopySmith)는 리드를 생성하고 리드를 유료 고객으로 전환할 수 있는 광범위한 마케팅 카피를 생성할 수 있다. 리드 생성(lead generation)이란 소비자가 직접 어떤 평이나 정보를 남기는 것으로 개인정보보호법이 강화되면서 리드 생성 전략이 더욱더 중요해지고 있다. 카피스미스를 활용하면 짧은 시간 내에 상당한 수준의 카피 결과물을 얻을 수 있다. 카피라이터는 카피스미스를 활용해 주목할 만한 헤드라인, 태그라인, 보디카피 등을 확보할 수 있다. 사용하기 쉽고 지시어가 간단하며, 콘텐츠를 관리하기 쉽고, 카피를 수정하면서 카피의 품질을 높일 수 있다는 점도 카피스미스의 장점이다.

카피.에이아이

카피.에이아이(copy.ai)는 한국어를 지원하지는 않지만 영어로 키워드를 넣으면 자동으로 카피 초안을 써 주기 때문에 영어 카피를 쓸 때 상당한 도움이 된다. 글로벌 브랜드의 광고 캠페인을 전개할 때 영어 카피를 써 주거나 영문 이메일을 작성할 때 도움이 되는 카피.에이아이는 블로그 개요, 블로그 아이디어, 소셜 미디어 게시물, 이메일 사본, 웹사이트 사본, 비디오 콘텐츠를 포함하여 카피라이팅에 관련된 다양한 템플릿을 제공한다. 회원에 가입하면 나타나는 초기 화면의 좌측에 있는 프로젝트(Project), 템플릿(Templates), 툴(Tools)을 선택할 수 있고 화면 중앙에서 검색을 할 수 있다. 유료 서비스를 활용하면 25개 언어를 지원받을 수 있고, 45개의 다양한 카피 템플릿을 제공한다는 장점이 있지만, 한국어 지원이 안 되고 종종 부정확한 카피를 생성하는 것은 단점이다.

이 밖에도 일반적인 카피 외에도 변환 카피와 동영상 자막 및 스토리 플롯 같은 콘텐츠를 생성하는 동시에 한국어를 비롯한 36개 언어를 지원하고 40가지 이상의 카피 스타일을 제공하는 라이터(Rytr), 짧은 시간에 상당한 수준의 카피를 써 주고 자동으로 문법을 수정하는 기능이 탁월한 라이트소닉(Writesonic)이 있다. 그리고 쉽고 빠르게 카피 콘텐츠를 생성하는 동시에 생성한 카피의 품질을 숫자 점수로 평가해 처음 카피나 수정한 카피의 효과를 추정하는 '예측 성능 점수' 기능이 탁월한 애니워드(Anyword), 국내에서 개발한 인공지능 기반의 글쓰기 창작 서비스로 광고 카피를 비롯해 상품 후기나 블로그 글쓰기 등 19개의 서비스를 제공하며 창작자의 글쓰기 완성도를 높여 주는 라이팅젤(writing and lighting gel)도 주목할 만하다(김병희, 2024). 이상에서 소개한 여러 카피라이팅 도구 중에서 자신의 스타일에 맞는 하나를 선택해도 되고 둘 이상을 써도 무방하다.

참고문헌

김병희(2024). AI가 바꾸는 광고PR 카피라이팅. 김주영 외 지음. 『기획부터 윤리까지 AI가 바꾸는 광고와 PR』(121-156쪽). 서울: 이프레스.

김태용(2023). ChatGPT/GPT-4. 『인공지능을 활용한 사회과학 연구방법』(19-22쪽). 서울: 학지사. .

박종구(2023). AI를 활용한 광고기획 실무. 김병희 외 지음. 『디지털 시대의 광고기획 신론』(383-408쪽). 서울: 학지사비즈.

03
인공지능 활용에 앞서 준비할 것들

인공지능을 활용한 창작 도구 중에서 챗GPT는 광고 카피라이팅에 널리 활용되고 있다. 생성형 인공지능을 활용한 카피라이팅은 광고산업계의 주목을 끌고 있다. 해외에서는 재스퍼나 카피스미스 같은 영어 카피라이팅 서비스가 활성화됐고, 우리나라에서도 '한국어 광고 카피' 분야는 생성형 인공지능 사업의 핵심 분야로 떠올랐다. 자칫하다가는 인간 카피라이터가 생성형 인공지능에게 일거리를 모두 넘겨줄 수도 있다.

AI와 난임 극복?

카피라이터에게 필요한 기본자세

여러 창작 도구 중에서 가장 보편적인 챗GPT를 활용해서 카피 쓰는 방법을 익히면 많은 도움이 된다. 챗GPT를 카피라이팅의 도구로 잘 활용하려면, 카피라이터나 카피라이터 지망생들은 사전에 무엇을 준비하고 어떻게 활용할 것인지 기초 지식을 습득해야 한다. 이런저런 사항들을 미리 알아두는 사람과 그렇지 않은 사람은 생성형 인공지능을 다루는 솜씨나 카피의 결과 값에서 차이를 느끼게 마련이다. 그렇지만 차량의 구조나 엔진의 작동 원리를 몰라도 자동차 운전을 할 수 있듯이, 인공지능에 관련된 전문 지식을 상세히 알지 못하더라도 인공지능을 활용할 때 심각한 문제가 되지는 않는다. 결과 값의 차이가 있을 뿐이다. 생성형 인공지능을 활용하기에 앞서 카피라이터에게 필요한 기본자세는 다음과 같다(김병희, 2024a).

첫째, 인공지능 기술에 항상 관심을 가져야 한다. 인공지능 기술이 어떻게 작동하고, 어떤 방식으로 정보를 처리하며, 어떤 종류의 입력에 가장 잘 대응하는지 깊이 이해하면 좋겠지만 전공자가 아닌 이상 어려운 부분도 많다. 따라서 기계학습, 딥 러닝, 자연어 처리(Natural Language Processing, NLP) 같은 관련 개념을 기초 정도만 이해하고, 실제로 인공지능 도구를 직접 활용하고 경험해 보는 것이 가장 효과적이다. 인공지능 분야는 빠르게 발전하고 있으므로 인공지능과 관련된 뉴스, 논문, 블로그를 자주 접하다 보면 인공지능 기술을 이해하는 데 도움이 된다.

둘째, 플랫폼과 소비자를 이해해야 한다. 광고 카피를 작성할 때 광고를 게재할 플랫폼과 플랫폼의 핵심 소비자를 깊이 이해하면 인공지능 카피라이터에게 최적의 카피를 쓰도록 지시하는 데 도움이 된다. 인공지능 카피라이터를 효과적인 도구로 활용하려면 네 가지에 집중해야 한다. ① 플랫폼의 특성을 고려해 그 플랫폼에서 가장 효과적으로 메시지를 제공하는 방법[예: 인스타그램(Instagram)은 시각 콘텐츠에 중점, 엑스(X)는 간결한 메시지 전달, 링크드인(LinkedIn)은 전문가 네트워킹]을 알아야 하며(플랫폼 분석), ② 플랫폼 이용자의 관심사와 문화를 깊이 이해해야 한다(소비자 연구). ③ 소셜미디어의 급변하는 트렌드에 관심을 가져야 하며(소셜미디어 트렌드 파악), ④ 자신이 쓴 카피가 어떻게 수용되고 있는지 '댓글' '공유' '좋아요' 같은 반응 지표를 검토해 카피의 내용을 수정해 나가야 한다(피드백 반영).

셋째, 세부 정보를 상세히 제공해야 한다. 생성형 인

공지능에게 제품의 특성, 브랜드의 가치, 목표 소비자의 특성, 광고 목표 같은 많은 세부 정보를 제공하면 인공지능 카피라이터는 인간 카피라이터의 요구 사항을 반영해 카피를 써 준다. 인공지능 카피라이터는 입력 값에 따라 출력 값을 생성하기 때문에 상세하고 명확한 세부 정보를 제공해야 한다. 이를 위해 무엇을 어떻게 해야 할까? ① 카피의 목표를 구체적으로 설정해야 한다. 인공지능 카피라이터에게 어떤 결과를 원하는지 명확하게 입력할 필요가 있다. "장난감 판매를 위한 페이스북 광고 카피를 써 주세요. 목표 소비자는 30대 초반의 부모이며, 제품은 안전하고 교육적인 놀이를 제공한다는 점을 강조해 주세요." 이처럼 목표를 구체적으로 제시하며 카피를 써 달라고 요청해야 한다. ② 브랜드의 느낌과 스타일을 지정해 줘야 한다. 브랜드의 특성과 느낌을 인공지능 카피라이터에게 설명해 줘야 최적의 카피를 생성해 준다. ③ 추가 정보를 제공해야 한다. 어떤 상황에 대한 배경 정보, 목표 소비자의 특성, 제품의 세부 사항 같은 추가 정보를 제공하면, 인공지능 카피라이터는 관련성 있는 카피를 써 준다. ④ 설명과 안내를 추가로 제공해야 한다. 필요하다면 인공지능 카피라이터에게 원하는 카피 형식을 자세히 설명해야 한다. "헤드라인, 서브

헤드라인, 보디카피라는 세 부분으로 구성된 광고 카피를 써 주세요." 이처럼 명확히 요청하면 인공지능 카피라이터는 적절하고 유익한 결과 값을 생성해 준다.

넷째, 카피의 편집 실력을 높여야 한다. 인공지능 카피라이터가 쓴 카피는 완벽하지 않을 때가 많으니, 인간 카피라이터는 인공지능이 써 주는 카피를 적절히 걸러 내고 편집하는 능력을 길러야 한다. 인공지능 카피라이터가 쓴 카피가 유용할지라도 광고 목표와 브랜드 가치를 만족시키는지 검토해야 한다. 카피를 보완하려면 무엇을 어떻게 해야 할까? ① 비판적 사고력을 길러야 한다. 인공지능 카피라이터가 생성한 결과물을 분석하고 평가하는 능력이다. ② 브랜드의 가이드라인을 이해해야 한다. 인공지능 카피라이터가 써 주는 카피가 브랜드 이미지에 부합하는지 판단하고 미흡한 부분을 수정해야 한다. ③ 언어적 표현력과 문법 지식을 연마해야 한다. 언어적 표현력과 문법 지식을 익혀야 인공지능 카피라이터가 생성한 카피를 보다 매력적으로 다듬을 수 있다. ④ 창의적인 통찰력을 길러야 한다. 인공지능 카피라이터가 쓴 카피가 때때로 비현실적일 수도 있다. 그런 카피를 걸러 내는 창의적 통찰력이 필요한데, 브랜드의 느낌과 스타일에 맞게 수정하는 카피라이터의 솜씨와 창의성이 중요하다.

다섯째, 창의성 향상을 위해 노력해야 한다. 생성형 인공지능은 놀라운 창작 도구지만 어디까지나 활용 도구에 불과하다. 좋은 광고 카피는 여전히 인간 카피라이터의 창의성에서 비롯돼야 한다. 인공지능 카피라이터가 아이디어를 생성하고 확장하는 데 도움이 되겠지만, 최종적인 결정은 여전히 인간의 몫이다. 따라서 카피라이터는 인공지능 카피라이터를 활용하면서도 자신의 창의성을 유지하고 발전시켜 나가야 한다. 인간 카피라이터의 창의성 향상을 위한 노력도 필요하다. 인공지능 카피라이터가 빅데이터를 처리하고 과거의 패턴을 학습해 아이디어 발상을 할 수 있지만, 그 아이디어는 이미 있는 정보에서 생성한 것이다. 새롭고 독특한 창의적인 아이디어는 여전히 인간의 두뇌에서 나온다고 할 수 있다.

여섯째, 새로운 도구와 기술에 유연하게 적응해야 한다. 인공지능 기술은 빠르게 변화하고 발전했다. 생성형 인공지능 기술이 발전하기 전에는 인공지능을 활용한 카피라이팅 도구를 상상하기 어려웠다. 디지털 시대의 카피라이터에게는 새로운 도구와 기술에 유연하게 적응하고, 자신의 필요에 따라 기술을 적절히 활용하는 능력이 중요해졌다. 생성형 인공지능을 카피라이팅의 도구로 효과적으로 활용하려면, 인간 카피라이터는 새로운 도구와 기술에 유연하게 적응해야 한다. 새로운 도구와 기술에 유연하게 적응하고 이를 업무에 활용하는 능력은 카피라이팅은 물론 창의적인 모든 영역에서 중요한 역량이다. 새로운 도구와 기술이 끊임없이 출현하고 있으니, 새로운 도구와 기술을 활용하는 능력이 결과물의 품질을 결정할 수도 있다.

인공 환각에 대처하기

인간 카피라이터는 인공지능 카피라이터가 생성한 카피를 노출하기 전에 반드시 제품과 브랜드에 대한 사실 확인을 거쳐야 한다. 생성형 인공지능의 언어 모델은 할루시네이션(hallucination) 문제를 야기할 수 있기 때문이다. 인공지능에서 환각(hallucination)이나 인공 환각(artificial hallucination)이란 주어진 데이터나 맥락에 근거하지 않은 잘못된 정보나 허위 정보를 가짜로 생성해서 올바른 답변인 듯 답하는 것이다. 인공지능 개발자들은 인공 환각을 방지하기 위해 학습 데이터의 품질을 향상하고 입력 데이터의 검증을 강화하는 방안을 모색하고 있지만 아직까지는 완벽하지 않다. 인공지능 카피라이터가 써 주는 광고 카피는 얼마든지 '인공 환각'을 야기

할 수 있으니 반드시 사실 확인을 거쳐야 한다(김병희, 2024b).

인간 카피라이터는 인공 환각 문제를 눈치채고 제대로 대처해야 한다. 인공지능 카피라이터를 활용하기에 앞서 인간 카피라이터에게 필요한 여섯 가지 기본자세를 갖춘다면 인공지능 카피라이터를 능수능란하게 활용하며 카피라이팅 능력을 키울 수 있다. 새로운 도구와 기술에 유연하게 적응하고 효과적으로 활용하는 카피라이터는 그렇지 않은 카피라이터에 비해 효과적인 카피를 쓸 가능성이 높다. 카피라이터는 인공지능이 생성해 주는 초벌 카피의 가능성을 탐색하고 활용함으로써, 시간을 줄이는 동시에 효과적인 광고 카피를 완성할 수 있다.

참고문헌

김병희(2024a). 『디지털 시대의 카피라이팅 신론: 챗GPT를 활용한 광고 카피 쓰기』. 서울: 학지사비즈.

김병희(2024b). AI가 바꾸는 광고PR 카피라이팅 .김주영 외 지음. 『기획부터 윤리까지 AI가 바꾸는 광고와 PR』(121-156쪽). . 서울: 이프레스.

04
생성형 인공지능의 슬기로운 활용

카피라이터는 답을 얻는 데 필요한 입력 값인 프롬프트 공학의 기본기를 이해해야 한다. 생성형 인공지능은 초보자가 쓴 것 같은 모호한 프롬프트와 전문가가 썼을 법한 명료한 프롬프트에 따라 각각 다른 결과 값을 생성해 낸다. 생성형 인공지능에게 구체적으로 질문하는 방법은 여덟 가지가 있다. 챗GPT를 비롯한 생성형 인공지능 창작 도구는 초안과 최적화 및 맞춤형 카피를 생성한다.

AI와 사주?

프롬프트 공학

인간 카피라이터는 생성형 인공지능을 작동하게 하는 프롬프트 공학(prompt engineering)의 기본 원리를 조금은 알아야 인공지능 카피라이터를 활용해 카피를 쓸 수 있다. 프롬프트란 답을 얻는 데 필요한 입력 값이다. 인간 카피라이터는 무엇보다 먼저 프롬프트 작성법을 이해해야 한다. 보다 구체적으로 다음에 제시하는 여덟 가지 질문하는 방법이 도움이 될 것이다. 질문하는 방법에 대한 지침을 고려해 자신이 원하는 프롬프트(질문 내용)를 한번 써 보면 상당한 도움이 될 것이다. 생성형 인공지능에게 구체적으로 질문하는 방법 여덟 가지는 다음과 같다(송준용 · 애드리치, 2023).

- 질문을 가급적 구체적으로 서술한다.
- 인공지능에게 어떤 기능을 부여한다.
- 유명인이 쓰는 스타일로 요청해 본다.
- 결과의 포맷을 구체적으로 지정한다.
- 원하는 답변 내용의 사례를 제시한다.
- 결과물을 쓰는 프로세스를 알려 준다.
- 문체와 어조를 구체적으로 지정한다.
- 답변에 대한 자체 검토를 요청해 본다.

인공지능 카피라이터는 초보자가 쓴 것 같은 모호한 프롬프트와 전문가가 썼을 법한 명료한 프롬프트에 따라 각각 다른 결과 값을 생성해 낸다. 질문이 구체적이면 구체적일수록 더 구체적인 대답을 내놓는 것이 인공지능이다. 모호한 프롬프트와 명료한 프롬프트의 예시를 바탕으로, 인공지능 카피라이터에게 구체적으로 질문하는 방법 여덟 가지를 각각 비교해 보고 어떤 질문이 더 구체적인지 판단해 볼 필요가 있다.

첫째, 카피라이터는 질문 내용을 얼마나 구체적으로 서술했는지를 살펴봐야 한다. 예를 들어, "OO브랜드를 알리는 헤드라인을 써 주세요" 같은 요청이 모호한 프롬프트라면, "OO브랜드를 알리는 헤드라인이 필요한데, MZ 세대의 공감을 유발할 수 있는 정서형 헤드라인을 써 주세요"는 명료한 프롬프트다.

둘째, 카피라이터는 생성형 인공지능에게 어떤 기능이나 역할을 부여했는지를 따져봐야 한다. 예를 들어, "OO브랜드의 헤드라인을 잘 쓸 방법에 관한 조언을 해 주세요" 같은 요청이 모호한 프롬프트라면, "챗GPT가 초보 카피라이터의 선배님이라고 생각하고 OO브랜드의 헤드라인을 잘 쓸 수 있는 방법에 대한 조언을 다섯 가지 이상 제시해 주세요"는 명료한 프롬프트다.

셋째, 카피라이터는 누군가가 잘 쓰는 글쓰기나 말하기의 스타일로 요청했는지를 알아봐야 한다. 예를 들어, "OO브랜드의 헤드라인을 멋진 스타일로 써 주세요" 같은 요청이 모호한 프롬프트라면, "OO브랜드의 헤드라인을 유한킴벌리의 슬로건인 "우리강산 푸르게 푸르게" 처럼 반복법의 운율을 활용해서 멋진 스타일로 써 주세요"는 명료한 프롬프트다.

넷째, 카피라이터는 결과의 포맷을 구체적으로 지정했는지를 점검해야 한다. 예를 들어, "OO브랜드의 보디카피를 소비자들이 감동할 수 있는 내용으로 써 주세요" 같은 요청이 모호한 프롬프트라면, "보디카피를 소비자들이 감동할 수 있도록 '소비자에게 보내는 편지'의 형식으로 써 주세요. 먼저 소비자에게 감사 인사를 전하고, 그다음으로 OO브랜드의 소비자 혜택을 구체적으로 언급하고, 마지막으로 계속 소비자가 만족할 때까지 노력하겠다는 내용을 보디카피로 써 주세요"는 명료한 프롬프트다.

다섯째, 카피라이터는 원하는 답변 내용의 사례나 예시를 제시했는지도 검토해야 한다. 예를 들어, "OO브랜드의 헤드라인을 계절에 알맞게 제공해 주세요" 같은 요청이 모호한 프롬프트라면, "OO브랜드의 헤드라인을 봄, 여름, 가을, 겨울에 알맞게 선택해서 쓸 수 있도록 계절 감각을 살린 헤드라인 대안을 각각 세 개씩 제공해 주세요"는 명료한 프롬프트다.

여섯째, 카피라이터는 결과물을 쓰는 과정(프로세스)을 알려 달라고 요구했는지도 살펴봐야 한다. 예를 들어, "OO브랜드의 광고 카피를 쓰려고 하는데, 헤드라인, 서브헤드, 보디카피, 슬로건을 소비자의 마음을 움직일 수 있도록 감동적으로 써 주세요" 같은 요청은 모호한 프롬프트다. 반면에 "OO브랜드의 광고 카피를 소비자들이 공감하도록 감동적으로 써 주세요. 카피의 순서는 먼저 헤드라인에서 OO브랜드의 소비자 혜택을 부각하고, 서브헤드에서 OO브랜드가 제공하는 혜택의 근거를 제시하고, 보디카피에서 OO브랜드의 특성을 묘사하고, 보디카피에서 OO브랜드에 대한 소비자의 경험을 인용하고, 보디카피에서 OO브랜드에 대한 언론의 보도 내용을 인용하고, OO브랜드를 구매하라고 권유하는 내용으로 보디카피를 마무리하고, 슬로건에서 OO브랜드의 기대 가치를 강조하는 흐름으로 카피를 써 주세요. 그리고 이상의 일곱 가지 내용을 두 가지 버전으로 작성해 주세요"라고 썼다면 프롬프트를 명료하게 쓴 것이다.

일곱째, 카피라이터는 문체와 어조를 구체적으로 지

정했는지도 따져 보며 자체적으로 검토해야 한다. 문체와 어조를 구체적으로 지정한다는 것은 "초등학생에게 설명하듯 써 주세요"처럼 구체적으로 요구해야 한다는 뜻이다. 예를 들어, "OO브랜드의 헤드라인을 누구나 알기 쉽게 써 주세요"같은 요청이 모호한 프롬프트라면, "OO브랜드의 헤드라인을 쉽게 써 주세요. 초등학교 3학년생에게 설명하듯 쉬운 단어를 써서 간결한 문체의 헤드라인을 쉽게 써 주세요"는 명료한 프롬프트다.

여덟째, 카피라이터는 답변에 대한 자체 검토를 요청했는지도 면밀하게 살펴봐야 한다. 예를 들어, "OO브랜드의 헤드라인을 다시 써 주세요" 같은 요청이 모호한 프롬프트라면, "이전에 집행했던 광고 캠페인의 사례를 참고해서 OO브랜드의 헤드라인을 다시 써 주세요. 가능하다면 경쟁 브랜드의 헤드라인도 비교한 다음 중복된 카피가 없도록 독창적인 헤드라인을 다시 써 주고, 수정할 부분이 있다면 조금 전에 생성해 준 카피를 다시 고쳐서 써 주세요"는 명료한 프롬프트다.

맞춤형 카피의 생성

챗GPT를 비롯한 생성형 인공지능 창작 도구는 카피라이팅 창작에 크게 기여한다. 광고 카피나 슬로건을 쓰다가 잘 풀리지 않을 때 인간 카피라이터는 인공지능 카피라이터에게 주제, 제품, 브랜드 특성에 관한 정보를 제공하고 독창적인 아이디어나 카피를 써 달라고 요청할 수 있다. 인공지능 카피라이터는 이런 정보를 바탕으로 다양한 카피를 생성할 수 있다. 생성형 인공지능은 데이터 분석, 언어 처리, 텍스트 생성 같은 다양한 기능을 통해 광고 카피를 생성하고 수정할 수도 있다. 인공지능 카피라이터를 활용한 광고 카피의 생성 분야는 크게 다음과 같은 세 분야다(김병희, 2024).

첫째, 인공지능 카피라이터를 활용해 카피의 초안을 생성할 수 있다. 카피라이터가 어떤 제품이나 서비스에 대한 카피를 쓸 때, 생성형 인공지능은 적절한 어휘, 카피, 문장 구조를 제시함으로써 초안의 작성에 도움을 준다. 여행 사이트의 카피를 쓴다고 할 경우, 인공지능 카피라이터는 "휴가에 필요한 완벽한 정보, OO사이트에 있습니다" 같은 카피를 생성해 줄 것이다.

둘째, 인공지능 카피라이터를 활용해 카피를 최적화하고 테스트할 수 있다. 생성형 인공지능은 카피 검증 결과와 소비자 반응을 분석해 광고 카피를 수정하고 최적화하는 데 도움이 된다. 만약 어떤 카피가 소비자의 관심을 끌지 못한다면, 인공지능 카피라이터는 다른 카피를 제안하거나 앞서 제시한 카피의 수정안을 제시해 소비자들이 더 주목하도록 도와주기도 한다.

셋째, 인공지능 카피라이터를 활용해 개인 맞춤형의 카피를 쓸 수 있다. 생성형 인공지능은 소비자의 관심사, 행동 패턴, 구매 이력 같은 정보를 분석해 개인 맞춤형의 광고 카피를 생성하는 데 도움을 준다. 소비자가 최근에 어떤 영화 티켓을 구매했다면, 인공지능 카피라이터는 "당신이 본 OO 영화와 같은 다른 영화도 확인해 보세요!" 같은 카피를 생성할 수 있다.

참고문헌

김병희(2024). AI가 바꾸는 광고PR 카피라이팅. 김주영 외 지음. 『기획부터 윤리까지 AI가 바꾸는 광고와 PR』(121-156쪽). 서울: 이프레스.

송준용·애드리치(2023). 프롬프트 작성법. 『오스트랄로GPT쿠스』(67-69쪽). 서울: 여의도책방.

05
초벌 카피의 생성과 발전시키기

새로운 아이디어를 도출하거나 어떤 소비자 집단에 적합한 표현을 찾는 데도 생성형 인공지능은 도움이 된다. 인공지능을 활용해 제품 특성 알리기, 목표 소비자의 공감 얻기, 새로운 제품의 출시, 계절별 이벤트 알리기에 맞춰 카피를 생성할 수 있다. 생성형 인공지능을 활용하지 않아도 카피를 쓸 수 있겠지만, 생성형 인공지능의 도움을 받아 초벌 카피를 생성한 다음에 스스로의 안목으로 카피를 발전시킬 필요가 있다.

AI와 아이돌?

제품 특성 알리기

가령 인간 카피라이터가 환경 친화적인 티셔츠를 판매하는 브랜드의 광고 카피를 쓴다고 가정해 보자. 그렇다면 인공지능 카피라이터에게 제품 정보와 함께 "환경을 보호하면서도 스타일을 유지하고 싶어 하는 소비자에게 제품 판매를 촉진하는 카피" 같은 카피의 목적을 알려 주고 카피를 써 달라고 하면 기본적인 카피를 생성해 준다.

생성형 인공지능을 광고 카피라이팅의 도구로 활용해 '제품 특성의 고지'에 집중하는 광고 카피를 쓴다고 할 경우에, 인공지능 카피라이터를 활용하면 제품의 특성을 독창적이고 효과적인 방식으로 표현하는 광고 카피를 쓸 수 있다. 인공지능 카피라이터는 제품의 특성, 목표 시장, 브랜드의 느낌을 이해하고, 이를 바탕으로 각각의 문맥에 적합한 맞춤형 광고 카피를 쓸 수 있다.

예컨대, 고성능 노트북을 알리는 카피를 쓰기 위해 인공지능 카피라이터를 활용하려면 다음 과정을 거칠 수 있다. 먼저, 인공지능 카피라이터가 제품의 특성과 장점을 이해할 수 있도록 하려면 그 노트북이 강력한 프로세서, 뛰어난 배터리 수명, 우수한 그래픽 카드, 휴대성, 고품질의 디스플레이 등이 있다고 강조해야 한다. 다음으로, 인공지능 카피라이터에게 목표 시장과 브랜드의 느낌을 이해시켜야 한다. 예컨대, 이 노트북은 전문가나 게임의 고수를 대상으로 하고, 브랜드의 느낌은 전문적이고 혁신적이라는 사실을 강조할 수 있다. 그런 다음에 인공지능 카피라이터는 여러 정보를 바탕으로 다음과 같은 광고 카피를 쓸 수 있다.

"최신 고성능 노트북이 당신의 일상을 혁신적으로 바꿉니다. 가장 강력한 프로세서와 우수한 그래픽 카드로 복잡한 업무도 쉽게 처리하고, 배터리 수명이 뛰어나 언제 어디에서나 사용할 수 있습니다. 고품질의 디스플레이는 당신의 시각 경험을 확장합니다. 전문가든 게임의 고수든 이 노트북은 당신의 기대를 만족시킬 것입니다."
이처럼 인공지능 카피라이터를 활용하면 브랜드와 제품의 특성을 반영한 효과적인 광고 카피를 쓸 수 있다. 인공지능의 뛰어난 언어 습득 능력과 창의적 사고는 효과적인 광고 카피를 쓰는 데 상당한 도움이 될 것이다(김병희, 2024).

목표 소비자의 공감

인간은 상호작용하는 대상을 쉽게 의인화하고 공감을 느끼는데 인공지능과도 정서적 교감을 할 수 있다고 한다(강정석 외, 2021). 학생들을 대상으로 학습 도구에 대한 광고 카피를 쓴다고 가정해 보자. 인공지능 카피라이터에게 학생들이 느끼는 공부의 지루함과 어려움에 대해 알려 주고, 그 학습 도구가 공부를 싫어하는 학생들에게 구체적으로 어떻게 도움이 될 것인지에 대한 정보를 제공하면서, 카피를 써 달라고 하면 기본적인 카피를 생성해 준다.

다양한 상황과 요구 사항에 적합한 광고 카피를 쓸 때 인공지능 카피라이터를 활용하면 도움이 될 것이다. 제품에 대한 정보나 요구 사항을 제시하면 인공지능 카피라이터는 이를 바탕으로 효과적인 광고 카피를 쓰는 데 필요한 독창적인 아이디어를 제공해 준다. 생성형 인공지능을 광고 카피라이팅의 도구로 활용해 '목표 소비자 공감'에 집중하는 광고 카피를 써 달라고 하면, 목표 소비자의 공감을 끌어내는 광고 카피를 쓸 수 있다. 인공지능 카피라이터는 소비자의 경험, 감정, 선호도를 정확히 이해하고 그들의 언어에 맞게 카피를 써 줄 수 있다(김병희, 2024).

예컨대, 신혼여행 상품을 알리는 여행사의 광고 카피를 쓴다고 가정해 보자. 먼저, 인공지능 카피라이터는 목표 소비자인 신혼부부의 기대감을 이해해야 한다. 이들은 아마 낭만적인 경험을 바랄 것이고, 특별한 추억을 만들고자 할 것이다. 다음으로, 인공지능 카피라이터에게 브랜드의 느낌을 제공해야 한다. 여행 상품에서는 따뜻하고 친근하며 안전하고 편안한 여행 경험을 제공한다는 사실을 강조할 것이다. 인공지능 카피라이터는 이런 정보를 바탕으로 공감을 유발하는 다음과 같은 카피를 써 줄 것이다.

"신혼여행은 단순한 여행이 아닙니다. 그것은 두 사람의 새로운 삶의 시작, 특별한 추억을 만들기 위한 완벽한 시간입니다. 저희는 그 특별한 순간을 완벽하게 만들어 드리기 위해 모든 것을 준비했습니다. 따뜻한 햇볕이 가득한 해변에서의 아침 식사, 별이 빛나는 밤하늘 아래에서의 낭만적인 저녁 식사. 모든 것을 당신만을 위해 준비했습니다. 저희와 함께 추억을 만들어 보세요." 이렇게 인공지능 카피라이터를 활용하면 목표 소비자의 감정과 경험에 대한 깊은 이해를 바탕으로 신혼부부들이 관심을 가질 만한 광고 카피를 쓸 수 있다. 소비자들이 공감하는 카피는 브랜드와 소비자 사이에 강한 연결고리를 만들고, 브랜드 이미지를 강화하는 데 상당한 영향을 미친다.

새로운 제품의 출시

만약 독자 여러분이 새로운 스마트폰 모델의 출시를 앞두고 그 스마트폰에 대한 광고 카피를 써야 한다고 가정해 보자. 이때 인공지능 카피라이터에게 제품의 특성, 브랜드의 가치, 광고의 목표를 상세히 알려 주고 카피를 써 달라고 하면, 인공지능 카피라이터는 입수한 정보를 바탕으로 기본적인 카피를 생성해 준다.

인공지능 카피라이터를 카피라이팅의 도구로 활용해 신상품 출시에 초점을 맞춘 광고 카피를 쓸 수도 있다. 이때는 제품의 독특한 특성과 기능 및 소비자에게 제공할 가치를 전달해야 한다. 예컨대, 테크놀로지 기업에서 새 스마트폰을 출시한다고 가정해 보자. 먼저, 제품 특성을 이해해야 한다. 인공지능 카피라이터는 먼저 새로운 제품의 핵심 기능과 특성을 이해해야 한다. 스마트폰이 고해상도 카메라, 탁월한 배터리 수명, 빠른 프로세서를 갖췄다고 가정할 수 있다. 다음으로 목표 소비자를 이해해야 한다. 제품의 목표 소비자는 사진 촬영에 관심이 많은 사람일 수 있다. 이런 정보를 바탕으로 인공지능 카피라이터는 다음과 같은 카피를 쓸 수 있다.

"당신의 주머니 속에서 진정한 힘을 경험해 보세요. 새로운 OO스마트폰은 창의적으로 사진을 찍어 주는 고해상도 카메라, 온종일 지속하는 엄청난 배터리 수명, 그리고 순식간에 앱을 켜는 초고속 프로세서를 갖췄습니다. 언제 어디서든 최고의 순간을 포착하고 공유하실 수 있습니다. OO스마트폰과 함께 더 큰 세상을 만나 보세요." 이처럼 인공지능 카피라이터를 활용해 새로운 제품의 특성과 기능을 강조하고, 그 제품이 소비자에게 어떠한 가치를 제공하는지 명확하게 전달하는 광고 카피를 쓸 수 있다. 인간 카피라이터가 인공지능 카피라이터를 활용해 카피를 쓰면 제품의 출시를 성공적으로 이끌고 시장에 신상품을 효과적으로 소개하는 데 도움이 될 것이다.

계절별 이벤트 알리기

어떤 제품이나 브랜드를 판매하는 회사에서 크리스마스, 밸런타인데이, 화이트데이 같은 어떤 시기에 맞춰 특별 할인 행사를 준비했다고 가정해 보자. 이때도 인공지능 카피라이터에게 할인 행사의 내용을 알려 주며 거기에 알맞게 카피를 써 달라고 요청할 수 있다. 인공지능 카피라이터는 잠시도 망설이지 않고 기본적인 카피를 생성해 준다.

생성형 인공지능을 광고 카피라이팅의 도구로 활용해

'계절별 이벤트 알리기'에 집중하는 광고 카피를 쓴다고 할 때는 행사에 초점을 맞춰야 한다. 이벤트의 특성, 계절 감성, 소비자 혜택에 대한 정보를 인공지능 카피라이터에게 알려 주면 맞춤형 광고 카피를 얻을 수 있다. 예컨대, 소매업체가 크리스마스 시즌에 특별 할인 이벤트를 진행한다고 가정해 보자. 생성형 인공지능은 이벤트 기간, 제공되는 할인율, 특별 혜택 같은 이벤트의 핵심 정보는 물론 목표 소비자의 특성에 대해서도 분석할 것이다. 이벤트의 목표 소비자는 크리스마스 선물을 찾고 있는 소비자다. 이런 정보를 바탕으로 인공지능 카피라이터는 다음과 같은 광고 카피를 생성해 줄 것이다.

"이번 크리스마스에 선물 구매에 대한 걱정을 덜어 드립니다. ABC마트에서는 크리스마스를 맞이해 모든 상품에 30% 할인 이벤트를 진행합니다. 선물 구매를 위한 절호의 기회입니다. 마법 같은 크리스마스를 위해 지금 바로 ABC마트로 가세요." 이처럼 생성형 인공지능은 이벤트의 핵심 정보와 시기별 특성을 고려해 독특하고 매력적인 광고 카피를 쓸 수 있도록 도와준다. 인간 카피라이터는 인공지능 카피라이터를 활용해 소비자의 참여를 유도하고, 이벤트의 성공을 촉진할 수 있다. 생성형 인공지능은 인간 카피라이터에게 주제와 상황에 따라 다양한 아이디어를 도출하는 데 도움을 줄 수 있다. 인간 카피라이터의 요구 사항과 정보를 분석한 인공지능 카피라이터는 분석 결과를 바탕으로 효과적인 광고 카피를 생성해 줄 것이다.

참고문헌

강정석 외(2021). 『인간 정서와 AI』. 파주: 한울엠플러스.

김병희(2024). 『디지털 시대의 카피라이팅 신론: 챗GPT를 활용한 광고 카피 쓰기』. 서울: 학지사비즈.

06
검색엔진 최적화의 카피라이팅

특정 핵심어로 검색했을 때 검색 결과의 상단에 표시돼 웹사이트에서 더 많은 트래픽을 유도할 수 있는 검색엔진 최적화의 카피라이팅은 웹사이트의 가시성을 높이고, 검색 결과의 순위를 향상하며, 사이트 방문자들에 브랜드의 가치를 알리는 데 크게 이바지한다.
카피라이터는 광고 목적별, 상품 유형별, 메시지 유형별, 소비자 유형별, 인구통계적 특성별로 카피의 검색엔진 최적화를 시도할 수 있다.

AI와 야구?

검색엔진 최적화의 기본 요소

검색엔진 최적화(Search Engine Optimization, SEO)란 검색하는 사람의 의도를 이해하고 이에 충실히 맞춰 웹페이지의 콘텐츠를 제작하고, 이 페이지가 검색 결과 페이지에서 잘 노출되도록 웹페이지의 태그와 링크 구조를 개선해, 웹사이트나 웹페이지 검색엔진의 검색 결과에서 높은 순위를 얻도록 최적화하는 과정이다. 검색엔진 최적화의 목표는 웹페이지의 검색엔진이 이해하고 쉽게 찾을 수 있도록 검색 조건을 갖추는 데 있다(Veglis & Giomelakis, 2020).

검색엔진 최적화의 기본 요소는 검색엔진에서 더 높은 순위를 얻을 수 있도록 하는 데 필요한 요소들이다. 카피라이터가 기본 요소에 대해 충분히 이해하고 검색엔진의 작동 원리를 고려하여 카피를 쓴다면 그 카피가 더 높은 검색 순위에 올라갈 수 있으니 카피 메시지의 효과도 높아진다. 검색엔진 최적화와 관련하여 카피라이터가 알아야 할 다섯 가지의 기본 요소는 다음과 같다(김병희, 2024).

첫째, 검색엔진 최적화의 개념을 이해해야 한다. 카피라이터는 검색엔진 최적화의 개념이 무엇인지, 왜 중요한지, 핵심 기능은 무엇인지, 그리고 어떻게 작동하는지에 대해 구체적으로 이해할 필요가 있다. 카피라이터가 검색엔진의 기본 구조와 기능에 대해 더 많이 이해할수록 검색엔진에 최적화된 카피를 쓸 가능성이 크다.

둘째, 핵심어를 연구해야 한다. 핵심어(key word)는 검색엔진에 적합하도록 최적화한 가장 중요한 단어다. 카피라이터는 핵심어를 정해서 검색엔진에 어떻게 노출되게 할 것인지 전략적으로 판단해야 한다. 어떤 핵심어를 선택하고 활용하느냐에 따라, 검색엔진에서 노출되는 순위를 결정하는 데 결정적인 영향을 미치기 때문이다.

셋째, 가치를 제공하는 카피를 써야 한다. 검색엔진 최적화에 맞춘 카피라이팅은 소비자들에게 가치 있는 정보를 제공해야 한다. 그렇지 않으면 소비자들은 해당 사이트에서 떠나 버리고 검색엔진도 사이트를 무시할 것이다. 따라서 카피라이터는 광고 카피에서 가치 있는 정보를 제공하는 동시에 핵심어를 통합할 방법을 찾아내야 한다.

넷째, 메타 데이터와 헤드라인을 이해해야 한다. 카피라이터는 메타 태그, 제목 태그, 앵커 텍스트 같은 용어를 이해할 필요가 있다. 메타 데이터는 웹페이지에 대한 정보를 제공하는 데이터로, 검색엔진이 페이지의 내용을 이해하고 분석하는 데 도움이 되며 이용자가 웹페이지를 직접 방문하지 않아도 검색엔진에서 페이지의 주요 내용을 파악하게 한다.

다섯째, 검색엔진 최적화의 최신 추세를 이해해야 한다. 검색엔진은 계속 변화하고 발전하는 분야이기 때문에, 카피라이터는 항상 최신의 트렌드를 살펴보며 카피를 써야 한다. 자연스러운 콘텐츠를 보다 중시하는 자연어 처리(Natural Language Processing, NLP)의 원칙을 비롯한 검색엔진에 관한 최신 트렌드를 이해하고 카피를 쓸 때 반영해야 한다.

광고 목적별 카피의 검색엔진 최적화

검색엔진 최적화에 맞춰 광고 카피를 효과적으로 쓰려면 카피의 내용을 광고 목적(상품 판매, 서비스 제공 등)에 따라 다르게 써야 한다. 서비스 제공을 위한 카피 사례는 이렇다. "집에서 가장 가까운 중고장터를 찾고 계시는지요? 집 근처에서 가장 가까운 당근마켓을 검색해 놀라운 서비스를 경험해 보세요." 카피라이터는 '당근마켓'이라는 핵심어가 검색엔진에 잘 걸리도록 고려했다. 검색엔진을 위한 카피는 어떤 서비스를 찾는 사람들이 검색할 가능성이 높은 단어를 카피로 써야 한다.

검색엔진 최적화의 카피라이팅에서 핵심어의 활용이 중요하기는 하지만, 핵심어를 단순히 삽입하는 것만으로는 충분하지 않다. 카피의 내용은 항상 소비자에게 가치를 제공하고 자연스럽고 읽기 쉬워야 하며, 핵심어가 적절히 배치돼야 한다. 그러나 핵심어의 과도한 남용은 검색엔진 운영사로부터 벌점을 받을 수 있으니, 남용은 삼가야 한다.

상품 유형별 카피의 검색엔진 최적화

검색엔진 최적화에 맞춰 광고 카피를 효과적으로 쓰려면 카피의 내용을 상품이나 서비스 유형(의류, 가전제품 등)에 따라 다르게 써야 한다. 패션 및 의류를 위한 카피 사례는 이렇다. "다가오는 겨울을 위해 편안하면서도 세련된 여성 겨울 코트를 찾고 계시나요? 최신 패션 트렌드에 맞는 따뜻하고 멋진 코트 컬렉션을 확인해 보세요." 이 카피에서 '여성 겨울 코트'는 해당 계절과 패션 아이템에 관심이 있는 이용자가 검색할 가능성이 높은 핵심어다.

검색엔진 최적화에 맞춘 카피를 쓰려고 할 때 카피라이터는 두 가지 중요한 사실을 명심해야 한다. 카피를 쓸 때 핵심어를 활용해 특정 상품이나 서비스에 대한 검색 결과를 최적화해야 하고, 소비자에게 브랜드의 가치와 의미를 전달함으로써 공감을 유발하는 카피를 써야 한다는 사실이다. 결국, 검색엔진 최적화에 따른 카피라이팅에서는 상품이나 서비스의 핵심 가치를 효과적으로 전달하는 동시에 핵심어를 자연스럽게 통합시키는 솜씨가 무엇보다 중요하다.

메시지 유형별 카피의 검색엔진 최적화

검색엔진 최적화를 위한 카피라이팅 기법에서, 메시지 유형(정보 제공, 브랜드 인지도 제고 등)에 따라서도 카피의 내용이 달라져야 한다. 정보 제공을 위한 카피 사례는 이렇다. "최신 애플 아이폰의 특성과 성능에 대해 알아보세요. 포괄적인 이용자 가이드를 통해 새로운 기능과 최적화 방법을 알 수 있어요." 여기에서 '애플 아이폰'은 이용자들이 이 상품에 대한 정보를 검색할 때 활용할 가능성이 높은 핵심어다.

각각의 메시지 유형마다 검색엔진 최적화에 맞춘 카피를 쓸 때 중요한 사실은 카피가 소비자에게 의미 있는 정보를 제공해야 한다는 점이다. 나아가 카피 내용에서 핵심어를 자연스럽게 통합하는 것도 중요하다. 이렇게 하면 검색엔진에서 카피의 내용을 바탕으로 적절한 검색 쿼리와 연결할 수 있다.

소비자 유형별 카피의 검색엔진 최적화

검색엔진 최적화에 맞춰 광고 카피를 효과적으로 쓰려면 카피의 내용을 목표하는 소비자 유형(주부, 대학생 등)에 따라 다르게 써야 한다. 카피라이터는 목표하는 소비자의 특성을 어떻게 나눌 것인지, 카피를 쓰기 전에 먼저 소비자 집단을 유형별로 구분해 볼 필요가 있다. 가정주부를 위한 카피 사례는 이렇다. "아이들의 영양을 챙기기 위한 건강한 아이들 식단에 대한 팁과 조언을 찾으세요. 전문가들이 제공하는 다양한 요리법을 확인해 보세요." 카피에서 '건강한 아이들 식단'이라는 핵심어는 가정주부들이 아이들에게 건강한 음식을 제공하려 할 때 검색할 가능성이 높은 핵심어다.

청년과 대학생을 위한 카피 사례는 이렇다. "아직 늦지 않았습니다. 효과적인 시험 공부법으로 성적을 높일 수 있습니다. 전문가가 제공하는 학습 전략을 확인해 보세요." 이 카피에서 '효과적인 시험 공부법'이란 핵심어는 청년과 대학생이 시험을 준비하면서 검색할 가능성이 매우 큰 단어다. 이처럼 검색엔진 최적화의 카피라이팅은 특정 목표 소비자에게 의미 있는 정보를 제공하면서 그들이 검색할 가능성이 높은 핵심어를 통합해야 한다. 이렇게 하면 웹사이트나 광고 카피가 검색엔진 결과에서 더 높은 순위를 차지할 수 있다.

인구통계적 특성별 검색엔진 최적화

검색엔진 최적화에 맞춰 광고 카피를 효과적으로 쓰려면 카피의 내용을 인구통계적(demographics) 특성(성별, 연령별 등)에 따라 다르게 써야 한다. 20대 여성을 위한 카피 사례는 이렇다. "피부에 활력을 주고 싶으세요? 유기농 스킨케어 상품을 써 보세요. 화학 성분이 없는 상품으로 피부를 건강하게 유지하세요." 이 카피에서 '유기농 스킨케어 상품'이란 핵심어는 화학 성분을 피하고 친환경 상품을 찾는 20대 여성이 검색할 가능성이 크다.

30~40대 남성을 위한 카피 사례는 이렇다. "건강한 식습관으로 건강을 유지하세요. 남성 건강 식단에 대한 전문가의 조언을 확인하세요." 이 카피에서 '남성 건강 식단'이란 핵심어는 건강에 초점을 맞춘 30~40대 남성이 검색할 가능성이 크다. 이처럼 검색엔진 최적화를 위한 카피라이팅은 목표 소비자의 인구통계학적 특성에 알맞게 적합한 핵심어를 포함해야 한다. 이렇게 하면 웹사이트나 광고 카피가 검색엔진 결과에서 더 높은 순위

를 차지할 수 있다.

참고문헌

김병희(2024). 『디지털 시대의 카피라이팅 신론: 챗GPT를 활용한 광고 카피 쓰기』. 서울: 학지사비즈.

Veglis, A. & Giomelakis, D.(Ed.)(2020). *Search Engine Optimization*. Basel, Switzerland: MDPI. https://www.lluiscodina.com/wp-content/uploads/2022/09/Search_Engine_Optimization.pdf

07

페르소나 활용하는 카피라이팅

페르소나 기반의 카피라이팅은 목표 소비자의 특성과 행동 및 관심사를 바탕으로 가상적인 캐릭터를 만들어 그들을 효과적으로 설득할 수 있도록 카피를 쓰는 방법이다. 카피라이터는 페르소나에 따른 카피라이팅의 단계를 반드시 이해해야 한다. 나아가 페르소나 이해하기, 페르소나와 대화하기, 감정적 연결 만들기, 이야기 활용하기, 이용자의 경험 고려하기 같은 다섯 가지 기법을 숙지하면 카피에 날개를 달 것이다.

AI와 윤동주?

페르소나에 따른 카피라이팅의 단계

페르소나(퍼소나, persona)는 어떤 상품이나 서비스를 사용할 만한 목표 집단에 있는 다양한 사용자 유형을 대표하는 가상의 인물이다. 페르소나의 정의는 광고 카피의 언어, 느낌, 메시지를 결정하는 데 필수 요소다. 카피라이터는 목표 소비자의 성별, 연령, 직업, 관심사, 동기, 문제점을 바탕으로 가상의 페르소나를 만들 수 있다. 페르소나의 개념은 1988년에 앨런 쿠퍼(Alan Cooper)의 저서『정신병원에서 뛰쳐나온 디자인』에서 처음 소개되었다(앨런 쿠퍼, 2004).

페르소나의 원래 뜻은 고대 희랍 무대에서 배역들이 썼던 가면을 지칭하지만, 오늘날에는 배우가 연기 생활을 하며 자신이 맡았던 배역의 인격은 물론 사람들에게 알려진 사생활의 요소를 가지고 개발한 자아상을 말한다. 디지털 시대의 페르소나는 광고와 마케팅 전략 수립에서 중요한 기능을 하며, 빅데이터를 바탕으로 소비자의 행동과 선호를 정확히 파악해 세분화된 페르소나를 만들 수 있다. 카피라이터는 페르소나의 특성을 고려해 목표 소비자에게 가장 적합한 카피를 쓸 수 있다.

브랜드나 상품의 목표 소비자인 페르소나를 구체적으로 정의하려면, 카피라이터는 브랜드나 상품의 목표 소비자에 대한 세분화 영역을 식별하고, 소비자의 심리사회적 특성을 이해해야 한다. 그리고 소비자의 동기와 방해 요인을 식별하고, 소비자의 구매 여정을 작성해 페르소나를 정의하고 나면 광고 카피를 효과적으로 쓸 수 있다. 페르소나의 관심사(건강), 동기(건강 챙기기), 도전 과제(바쁜 일상)를 고려해서 카피를 쓴다면 페르소나와 감정적으로 연결하기 쉽고 상품의 가치도 분명하게 전달할 수 있다.

카피라이터는 어떤 페르소나에게 공감을 유발할 수 있는 내용과 느낌(tone)과 언어로 카피를 쓰려고 노력해야 한다. 카피라이터는 카피를 쓰기 전에 페르소나의 관점에서 소비자들이 카피 메시지를 접하고 어떤 행동을 취하게 될지 예상하면서 카피를 써야 한다. 메시지 개발 단계에서는 페르소나의 특성을 구체적으로 이해하고 나서 실제의 광고 카피를 써야 한다. 이 단계에서 카피라이터는 페르소나의 관심사, 동기, 도전 과제를 고려해서 카피를 쓰되, 소비자와의 감정적 연결을 강화할 수 있도록 페르소나의 감정과 가치관에 적합한 카피를 쓰도록 노력해야 한다. 소비자와 감정적으로 연결되지 못하는 카피는 광고 효과도 기대하기 어렵다.

또 카피라이터가 쓴 카피를 페르소나에게 노출하고

그 반응을 관찰하며, 반응이 예상과 다르면 카피를 수정하고 다시 쓰면 된다. 테스트 및 평가 단계에서는 페르소나의 변화나 시장 환경의 변화에 따라 광고 카피를 계속 수정하고 개선하려는 노력이 중요하다. 카피라이터는 테스트와 평가 단계를 통해 광고 카피가 페르소나와 잘 어울리는지 계속 확인하고, 필요한 경우에는 카피를 거듭거듭 수정함으로써 보다 효과적인 카피 메시지를 완성할 수 있다. 나아가 카피라이터는 다양한 디지털 채널에서 페르소나와의 접점을 고려해, 각 채널에 알맞게 카피를 쓰고 최적화해야 한다. 마지막으로, 카피라이터는 다양한 페르소나를 고려해 카피를 쓰고, 각 페르소나에게 최적화된 메시지를 전달하는 솜씨를 발휘해야 한다.

페르소나 활용하는 카피라이팅 기법

페르소나 또는 가상 캐릭터를 바탕으로 카피를 잘 쓰려면 페르소나의 특성에 관련된 행동과 가치 및 취향을 제대로 이해하고 이를 반영해야 한다. 특히 디지털 시대에는 사람들이 개인화된 메시지에 더 구체적으로 반응하기 때문에, 페르소나에 따른 카피는 강력한 효과를 기대할 수 있다. 페르소나 또는 가상 캐릭터를 바탕으로 광고 카피를 쓰는 데 도움이 될 수 있는 다섯 가지 기법을 살펴보자(김병희, 2024).

첫째, 페르소나 이해하기다. 카피를 잘 쓰려면 페르소나 또는 가상 캐릭터의 특성과 선호 및 가치를 철저히 이해해야 한다. 카피라이터는 페르소나의 세계에 빠져들어 그들이 겪는 문제, 그들이 좋아하는 것, 그들이 추구하는 것을 이해하고 이를 광고 카피에 반영할 필요가 있다. ① 페르소나의 특성 파악, ② 선호 및 취향의 이해, ③ 가치와 목표의 인지, ④ 문제와 필요성의 이해가 대표적이다. 페르소나를 이해하는 것은 카피라이팅에 필요한 기본적인 출발 단계로, 페르소나 혹은 목표 소비자의 특성과 선호 및 가치를 철저히 파악하고 이를 광고 카피에 반영해야 한다.

둘째, 페르소나와 대화하기다. 카피라이터는 페르소나 또는 가상 캐릭터와 대화하듯이 카피를 써야 한다. 그렇게 쓰면 카피가 개인화되고 특정 대상에게 직접 말하는 듯이 느껴진다. 페르소나를 고려해 카피를 잘 쓰는 방법 중에서 '페르소나와 대화하기'는 카피라이팅에서 중요한 전략이다. ① 직접적인 언어의 활용, ② 페르소나의 언어 활용, ③ 문어체가 아닌 구어체나 대화체로 카피 쓰기가 대표적이다. 이렇게 하면 페르소나에게 직접적이고 개인화된 메시지를 제공함으로써 그들이 브랜드에

강하게 연결되도록 하는 데 기여하기 때문이다.

셋째, 감정적 연결 만들기다. 카피라이터는 페르소나 또는 가상 캐릭터의 감정에 연결할 수 있는 카피를 쓰려고 노력해야 한다. 이렇게 하면 광고 카피가 상품과 서비스에 연결돼 브랜드에 대한 긍정적 감정을 촉발할 수 있다. 페르소나와 브랜드를 감정적으로 연결하는 솜씨는 카피라이터의 능력에서 나온다. 감정적으로 연결되는 순간 페르소나는 브랜드에 대한 호감을 느끼고 상품이나 서비스를 적극 지지하게 된다. 감정적 연결을 시도하는 데 ① 흥미로운 이야기의 활용, ② 감정적 언어의 활용, ③ 페르소나의 가치와 연결하기가 도움이 되는 방법이다. 페르소나와 감정적 연결을 강화하는 메시지를 통해 페르소나가 브랜드와 상품을 강력히 원하도록 도울 수 있다.

넷째, 이야기를 활용하기다. 페르소나 또는 가상 캐릭터의 이야기를 활용해 광고 카피를 써 볼 수 있다. 이렇게 하면 사람들이 이야기에 더 쉽게 관여할 수 있고 메시지를 기억하는 데도 도움이 된다. 이야기의 활용은 페르소나를 바탕으로 광고 카피를 쓸 때 매우 효과적인 기법의 하나다. 사람들은 이야기에 흥미를 느끼며, 이를 통해 복잡한 정보를 이해하거나 감정적으로 연결할 수 있다. ① 시작과 중간 및 마무리가 명확한 이야기 구조, ② 페르소나의 관점에서 이야기 구성하기, ③ 페르소나의 문제를 해결하는 이야기 창작을 고려해서 카피를 쓰면 페르소나의 문제점을 해결해 주는 상품의 가치를 효과적으로 전달할 수 있다.

다섯째, 이용자의 경험을 고려하기다. 페르소나가 상품과 서비스를 활용하는 방법을 고려하면, 이용자 경험에 관련된 카피를 쓰는 데 도움이 된다. ① 페르소나의 문제 해결, ② 상품과 서비스의 독특한 혜택 강조, ③ 감정적 언어를 활용한 연결을 고려한 카피는 페르소나가 상품이나 서비스를 활용할 때 어떤 경험을 기대할 수 있는지 명확히 파악하도록 한다. 이용자 경험은 상품이나 서비스의 품질, 활용성, 효율성, 이용자의 감정 상태를 포함한다. 따라서 이런 기법들을 활용해 페르소나 기반의 광고 카피를 쓰면 목표 소비자에게 더 효과적으로 브랜드 메시지를 전달할 수 있다.

참고문헌

김병희(2024). 『디지털 시대의 카피라이팅 신론: 챗GPT를 활용한 광고 카피 쓰기』. 서울: 학지사비즈.

앨런 쿠퍼(2004). 『정신병원에서 뛰쳐나온 디자인(Inmates Are Running the Asylum)』. 서울: 안그라픽스.

08
데이터가 주도하는 카피라이팅

소셜미디어 이용 행동을 비롯한 다양한 출처에서 데이터를 얻을 수 있다. 데이터가 주도하는 카피라이팅의 단계는 데이터 수집 단계, 데이터 분석 단계, 카피 쓰기 단계, 테스트와 최적화의 단계를 거친다. 데이터가 주도하는 카피라이팅의 주요 기법에는 목표 지향적인 데이터의 활용, 자료 수집과 분석, 개인 맞춤형의 카피 쓰기, 테스트와 최적화, 계속해서 학습하고 적용하기가 있다. 데이터는 카피의 효과를 담보한다.

AI와 한의학?

데이터가 주도하는 카피라이팅의 단계

첫째, 데이터 수집 단계다. 웹사이트 방문, 이메일 클릭, 소셜미디어 참여, 구매 이력 같은 다양한 정보를 얻는 데이터 수집은 이용자의 행동과 선호도 및 관심사에 대한 정보를 얻는 과정이다. 자료 수집 과정에서 활용할 수 있는 방법에는 ① 소비자 댓글 및 피드백, ② 구글 애널리틱스(Google Analytics) 같은 웹사이트 분석 도구의 활용, ③ 이용자들의 의견과 반응을 실시간으로 파악하는 소셜미디어 분석, ④ 소비자 설문조사가 있다. 수집된 데이터는 카피라이팅 과정에서 중요한 기초 자료가 된다. 데이터에 기반한 광고 카피는 소비자 맞춤형의 메시지를 전달할 수 있다.

둘째, 데이터 분석 단계다. 데이터 분석 단계에서 활용할 수 있는 방법에는 ① 소비자 세분화, ② 소비자 행동 분석, ③ 소비자 경향성 분석, ④ 감성 분석이 있다. 분석 결과는 소비자 심리의 이해와 메시지의 기대 효과를 파악하는 데 도움이 된다. 데이터를 분석한 이후에 쓴 카피는 소비자 행동과 시장의 추세를 반영한다. 카피라이터가 소비자 세분화, 행동 분석, 경향성 분석, 감성 분석 같은 데이터 분석 단계를 차근차근 거친 다음에 카피를 쓴다면 광고 효과가 더 높은 카피를 쓰게 될 것이다.

셋째, 카피 쓰기 단계다. 카피라이터는 이 단계에서 ① 소비자 언어의 활용, ② 소비자 세분화에 따른 메시지 개발, ③ 현재의 추세 반영, ④ 감성적 스토리텔링 과정을 거치게 된다. 실제 광고 카피를 쓰는 이 단계에서는 소비자 통찰력을 찾아야 한다. 카피라이터가 데이터를 바탕으로 카피를 쓴다면 그 카피는 핵심 소비자 집단에 더욱 개인화되고 설득력 있는 메시지로 다가갈 것이다. 따라서 카피라이터는 데이터를 기반으로 소비자와의 소통을 극대화할 방법을 늘 고민해야 한다.

넷째, 테스트와 최적화의 단계다. 초벌 카피를 검토하고 최적화하는 이 단계에서 카피라이터는 두 가지 이상의 카피 시안을 평가하는 A/B 테스트의 결과를 비롯해, 피드백을 수집하고 데이터 분석 결과를 참고해야 한다. 테스트 및 최적화 과정에는 ① 광고 카피를 두 가지로 써서 어떤 카피가 더 효과를 발휘할 것인지 비교해 보는 A/B 테스트, ② 카피에 대한 소비자들의 반응을 알아보는 피드백 수집 및 분석, ③ 테스트 결과와 피드백을 바탕으로 카피를 수정하는 데이터 기반의 최적화가 있다.

데이터가 주도하는 카피라이팅 기법

데이터가 주도하는 카피라이팅은 디지털 카피라이팅의

접근 방법의 하나로, 소비자 행동과 선호도 및 관심사에 대해 다양한 데이터를 기반으로 카피를 쓰는 방법이다. 이 방법은 카피 메시지를 개인 맞춤형으로 더 효과적으로 전달할 수 있도록 도와준다. 카피라이터가 데이터가 주도하는 카피라이팅을 효과적으로 활용할 수 있는 몇 가지 방법을 살펴보자(김병희, 2024).

첫째, 목표 지향적인 데이터의 활용이다. 카피를 쓰기 전에 어떤 목표를 달성해야 하는지 명확하게 정의해야 한다. 카피라이팅의 목표를 설정하면 자료를 수집하고 분석하는 방향을 포착함으로써 보다 효과적인 카피를 쓰는 데 도움을 받을 수 있다. 목표 지향적인 데이터의 활용이란 어떤 목표를 달성하기 위해 적절한 데이터를 효과적으로 활용하는 것을 의미한다. 이런 과정을 거쳐 쓴 카피는 소비자의 공감을 유발하고 더 많은 주목을 유발할 수 있다.

카피라이팅의 목표가 20대 여성 소비자의 상품 구매를 촉진하는 것이라면, 20대 여성 소비자들의 구매 패턴, 관심사, 의사 결정 과정에 관한 자료를 수집하고 분석해야 한다. 데이터 분석을 통해 20대 여성들이 환경에 대한 관심이 높고 친환경 상품을 선호한다는 판단이 나왔다면, 다음과 같은 카피를 생각해 볼 수 있다. "당신의 선택이 지구를 바꿉니다. OO친환경 상품으로 플라스틱 사용을 줄여 보세요." 카피라이터는 목표 지향적인 데이터를 활용해, 소비자의 공감을 유발하고 구매 결정을 유도하는 카피를 써야 한다.

둘째, 자료 수집과 분석이다. 카피라이터는 시장 조사, 소비자 행동, 웹사이트 방문 기록 같은 다양한 자료를 수집해야 한다. 카피라이터는 소비자들의 구매 기록, 사이트 방문 기록, 검색 기록을 통해 소비자들의 선호와 행동 패턴을 파악할 수 있다. 자료 수집과 분석 단계에서 카피라이터는 소비자의 선호, 행동 패턴, 피드백 같은 중요한 정보를 수집하고 분석해 광고 카피를 쓰는 데 활용할 수 있다.

데이터 분석을 통해 소비자들이 특정 시간대에 특정 상품의 검색을 많이 한다는 사실을 발견했다면, 이 정보를 활용해 공감을 유발하는 카피를 쓸 수 있다. "아침 일찍부터 바쁘신가요? 초고속 배송 서비스로 원하는 상품을 곧바로 받아 보세요." 데이터의 수집과 분석을 통해 소비자의 선호와 행동 패턴을 파악하고 이를 카피에 반영함으로써, 소비자의 공감을 유발하는 카피를 쓸 수 있다. 카피라이터는 데이터가 주도하는 카피라이팅의 원칙을 이해함으로써 소비자와 강력한 유대감을 형성하는 카피를 쓸 수 있다.

셋째, 개인 맞춤형의 카피 쓰기다. 카피라이터는 수집된 데이터를 바탕으로 목표 소비자에게 가장 효과적인 카피를 쓰도록 노력해야 한다. 특정 상품을 자주 구매하는 소비자에게는 그 상품에 대한 카피를 보내고, 다른 관심사를 가진 소비자에게는 그에 맞는 다른 카피를 보낼 수 있다. 소비자 개인에게 더욱 맞춤화된 메시지를 제공하면 소비자의 공감을 유발할 가능성이 높다. 카피라이터는 데이터 분석을 통해 소비자 행동과 선호 및 기호를 파악해 개인 맞춤형 카피를 써야 한다.

소비자 의사 결정 여정(Consumer Decision Journey)이 중요해진 상황에서 카피라이터는 소비자의 구매 이력을 바탕으로 개인 맞춤형의 제안을 할 수 있다(Dasgupta & Grover, 2019). 소비자가 최근에 운동화를 구매했다면, 관련 상품을 추천하는 카피를 쓸 수 있다. "OOO님, 새 스포츠화와 잘 어울리는 운동복을 추천해 드립니다!" 개인 맞춤형의 카피를 쓰려면 소비자의 개인적인 요구와 관심사에 주목해야 한다. 이렇게 하면 소비자의 깊은 공감을 유발하고 그들의 구매 결정을 촉진할 수 있다.

넷째, 테스트와 최적화다. 카피라이터는 광고 카피를 테스트해서 최적화할 필요가 있다. A/B 테스트를 시도해 카피를 비교하고 더 효과적일 듯한 카피를 선택할 수 있다. 테스트 결과를 바탕으로 카피를 쓰는 데 필요한 통찰력을 얻을 수 있다. 테스트와 최적화의 과정을 통해 카피의 효과를 평가하고, 그 결과를 바탕으로 카피를 수정해 나가면 소비자의 깊은 공감을 유발할 것이다.

가장 널리 활용되는 테스트 방법의 하나는 두 가지 이상의 버전을 비교해 어떤 것이 더 효과적인지 평가하는 A/B 테스트다. 예컨대, "여름에 딱 맞는 우리의 새로운 상품을 만나 보세요!"(카피A)와, "시원한 여름을 위한 우리의 새로운 상품을 만나 보세요!"(카피B)라는 두 카피를 각각 다른 집단의 소비자에게 보여 주고 어떤 카피가 더 많은 클릭을 유도하고 구매로 이어지는지를 비교해 어떤 카피가 더 효과적인지 판단할 수 있다. 카피라이터는 테스트 결과를 바탕으로 카피를 최적화해야 한다.

다섯째, 계속해서 학습하고 적용하기다. 데이터가 주도하는 카피라이팅은 한 번에 완벽하게 익힐 수 있는 기술이 아니다. 최신 데이터를 기반으로 계속 학습하고 새로운 카피에 계속 적용해야 한다. 시간이 지나면 더 좋은 카피를 쓰게 될 것이다. 카피라이터는 데이터가 주도하는 카피라이팅 문제를 항상 고민해야 한다. 시장의 변화, 소비자의 행동 패턴의 변화, 새로운 추세를 계속 학습하며 카피를 쓰면 소비자의 공감을 유발하는 카피를 쓸 가능성이 높다.

데이터에서 소비자들이 환경친화적 상품에 관한 관심이 높아졌음을 발견했다면, 카피라이터는 이 정보를 활용해서 카피를 쓸 수 있다. 인공지능 카피라이터에게 요청하면 "환경을 사랑하는 당신을 위한 친환경 상품, 지금 만나 보세요!" 같은 카피를 써 줄 것이다. 카피라이터는 새로운 추세나 패턴을 연구함으로써, 소비자의 현재 관심사에 맞춰 광고 카피를 발전시켜 나가야 한다.

소비자의 피드백을 통해서도 카피를 발전시킬 수 있다. 소비자들이 어떤 카피에 대해 부정적인 피드백을 남겼다면, 어떤 부분이 문제였는지를 분석해 기존의 카피를 보완할 수 있다. 데이터가 주도하는 카피라이팅은 보다 정확하고 효과적인 광고 카피를 쓰는 데 도움이 된다. 다만 이 방법은 자료 수집과 분석에 대한 깊은 이해와 숙련된 연습이 필요하다는 사실을 명심해야 한다. 따라서 카피라이터는 데이터 분석에 대한 학습과 실습을 병행하는 것이 좋다.

참고문헌

김병희(2024). 『디지털 시대의 카피라이팅 신론: 챗GPT를 활용한 광고 카피 쓰기』. 서울: 학지사비즈.

Dasgupta, S., & Grover, P.(2019). Impact df Digital Strategies on Consumer Decision Journey: Special. *Academy of Marketing Studies Journal*, 23 (1), pp.1-13.

09
소셜미디어 트렌드별 카피라이팅

소셜미디어 트렌드를 활용한 카피라이팅은 소비자의 참여와 공유를 촉진한다. 소셜미디어 카피라이팅의 주요 단계는 트렌드의 파악, 적절한 트렌드의 선택, 트렌드 기반의 카피 쓰기, 반응과 효과 분석, 경쟁사의 트렌드 분석, 소비자의 참여 유도, 다양한 플랫폼에 대한 적응력이다. 소셜미디어 카피라이팅의 핵심 과정은 목표 설정, 목표 소비자의 이해, 트렌드의 파악, 플랫폼별 적응, 메시지의 생성, 피드백의 반영이다.

AI와 화장품?

소셜미디어 카피라이팅의 주요 단계

첫째, 트렌드(trend)의 파악이다. 카피라이터는 소셜미디어 트렌드를 실시간으로 파악해야 한다. ① 트렌드 모니터링 도구의 활용, ② 소셜미디어 플랫폼의 트렌드 탐색 기능 이용, ③ 감정 분석 도구의 활용을 통해 트렌드를 파악할 수 있다. 소셜미디어 트렌드를 활용한 카피라이팅에서 트렌드의 파악은 중요한 첫 단계다. 카피라이터는 실시간으로 변화하는 소셜미디어 트렌드를 이해하고 이를 광고 카피에 반영하려고 노력해야 한다. 소셜미디어 트렌드를 파악해 이를 카피에 반영하면 소비자의 관심사와 연결되는 메시지를 전달해 공감을 유발할 수 있다(김병희, 2024).

둘째, 적절한 트렌드의 선택이다. 어떤 트렌드가 광고 목표에 항상 적합하지는 않기 때문에, 카피라이터는 브랜드의 가치와 목표에 적합한 트렌드를 선택해야 한다. ① 어떤 트렌드가 브랜드의 핵심 가치와 일치하는지, ② 어떤 트렌드가 목표 시장의 관심사와 일치하는지, ③ 어떤 트렌드가 브랜드 메시지를 전달하는 데 유용한지 검토해야 한다. 모든 트렌드가 광고 브랜드나 상품에 적합한 것은 아니므로 적절한 트렌드의 선택은 중요할 수밖에 없다. 적절한 트렌드를 선택해 카피를 쓰면 브랜드와 소비자 사이의 연결을 강화하고 브랜드 인지도를 높일 수 있다.

셋째, 트렌드 기반의 카피 쓰기다. 트렌드를 반영해 카피를 쓸 때는 트렌드를 활용하면서도 브랜드의 메시지와 느낌을 일관되게 유지해야 한다. 소셜미디어 트렌드를 활용한 카피 쓰기는 선택한 트렌드를 효과적으로 활용해서 브랜드 메시지를 전달할 방법에 중점을 둬야 한다. 카피라이터는 독창적이고 감동적인 카피를 써서 트렌드와 관련되는 목표 시장에서 관심을 끌어야 한다. 어떤 트렌드가 크게 주목받고 있다면 그 트렌드를 반영하는 카피를 써서 브랜드와 소비자 간의 공감대를 형성할 수 있다.

넷째, 반응과 효과 분석이다. 카피라이터는 트렌드 기반의 카피를 공유하고 소비자의 반응과 광고 캠페인의 효과를 분석해 볼 필요가 있다. 소비자들의 '댓글', '좋아요', '공유', 웹사이트 방문자, 상품 구매에 대한 숫자 같은 다양한 지표가 분석 대상에 포함될 수 있다. 빅데이터 텍스트 분석도 도움이 될 것이다(정원준, 2022). 분석 결과를 바탕으로 향후에 구사할 카피라이팅 전략을 수립하거나 개선할 수 있다. 소셜미디어 트렌드를 활용한 카피라이팅의 주요 단계에서 카피라이터는 반응 분석을 통해 카피의 성공 여부를 파악하고 필요한 경우에는 수정하거나 개선할 수 있다.

다섯째, 경쟁사의 트렌드 분석이다. 경쟁사가 어떤 트렌드를 이용하고 어떤 반응을 얻고 있는지 분석하면 경쟁 우위를 파악할 수 있다. 경쟁사의 트렌드를 분석함으로써 자사 브랜드의 카피가 경쟁사에 비해 얼마나 효과적이며 어떤 개선점이 있는지 파악할 수 있다. 경쟁사의 트렌드를 분석하면 자사의 브랜드가 어떤 메시지를 전달하고 어떤 트렌드를 따르는지에 대한 통찰력을 얻을 수 있다. 이를 통해 광고 카피를 개선하고 브랜드의 시장 점유율도 높일 수 있다. 경쟁사의 트렌드를 분석하면 자사의 광고 카피를 수정하는 데도 도움이 된다.

여섯째, 소비자의 참여 유도다. 소셜미디어는 자체적으로 대화와 참여를 촉진한다. 따라서 카피라이터는 소비자가 직접 참여하고, 콘텐츠를 공유하고, 브랜드와의 대화를 이끌 방법을 고려해야 한다. 소비자의 참여를 유도하는 것은 소셜미디어 트렌드를 활용한 카피 쓰기의 중요한 요소다. 소비자의 참여는 브랜드에 대한 인지도를 높이고, 신뢰도를 증가시키며, 소비자의 브랜드 충성도를 높일 수 있다. 소비자의 참여를 유도하는 카피는 브랜드에 대한 사회적 인지도를 높이고 브랜드의 시장 점유율을 높이는 데도 도움이 된다.

일곱째, 다양한 플랫폼에 대한 적응력이다. 카피라이터는 플랫폼별 특성을 이해하고 해당 플랫폼의 특성에 알맞게 카피를 써야 한다. 각각 특성이 다르고 이용자층도 다르기 때문에, 카피라이터는 카피를 각각 다르게 써야 하는 플랫폼의 특성에 유연하게 대응해야 한다. 비교적 긴 카피를 쓸 수 있는 페이스북(Facebook), 이미지와 비주얼 중심의 플랫폼인 인스타그램(Instagram), 길이 제한이 있으므로 카피를 간결하게 써야 하는 엑스(X), 동영상 중심의 플랫폼인 틱톡(TikTok) 등 각 플랫폼의 독특한 형식과 특성을 반영한 카피를 써야 이용자의 공감을 유발할 수 있다.

소셜미디어 카피라이팅의 핵심 과정

디지털 시대의 카피라이팅에서는 소셜미디어를 활용해 이용자들과의 연결을 강화하고, 브랜드 메시지를 효과적으로 전달해야 한다. 브랜드 메시지를 효과적으로 전달하기 위해서 카피라이터가 여섯 가지의 핵심 과정을 거치면 소셜미디어를 활용해 효과적인 카피를 쓰는 데 도움이 될 것이다.

첫째, 목표 설정이다. 카피라이터는 카피의 목표를 명

확히 설정해야 한다. 브랜드 인지도를 높이는 것인지, 특정 상품 판매를 촉진하는 것인지, 이용자에게 브랜드 이미지를 구축하는 것인지 같은 목표에 따라 카피 전략이 달라져야 한다. 둘째, 목표 소비자의 이해다. 목표 소비자의 관심사, 행동 패턴, 선호하는 소통 방식을 구체적으로 이해해야 한다. 이를 위해 카피라이터는 이용자 데이터의 분석 결과, 시장 조사 결과, 소비자의 피드백 자료 같은 정보를 두루 활용해야 한다.

셋째, 트렌드의 파악이다. 카피라이터는 소셜미디어 트렌드를 지속해서 감시하고 변화의 트렌드를 파악해야 한다. 소비 트렌드는 소비자의 관심사가 적극적으로 반영되기 때문에, 트렌드에 알맞게 카피를 써서 브랜드 메시지의 도달력을 높여 나가야 한다. 넷째, 플랫폼별 적응이다. 소셜미디어 플랫폼마다 특성과 기대 효과가 다르므로, 플랫폼의 특성에 알맞게 카피를 써야 한다. 엑스는 간결한 메시지가 중요하고, 인스타그램은 강렬한 비주얼에 짧은 카피가 중요하다는 점을 고려해야 한다.

다섯째, 메시지의 생성이다. 카피라이터는 브랜드의 가치와 목표, 목표 소비자의 관심사, 트렌드, 플랫폼의 특성을 종합해서 카피를 써야 한다. 카피를 쓸 때는 감성적인 요소를 바탕으로 광고 브랜드의 핵심 메시지를 명확하게 전달하도록 해야 한다. 여섯째, 피드백의 반영이다. 카피라이터는 자신이 쓴 카피의 기대 효과를 분석하고 이용자의 피드백을 반영해서 지속해서 수정해 나가야 한다. 수정한 카피가 더 좋아진다면 브랜드와 이용자 간의 연결 관계를 강화하고 광고 효과를 기대할 수 있다.

소셜미디어 트렌드를 활용하는 카피를 쓰면 광고 목표를 달성하는 데 도움이 될 것이다. 페이스북 플랫폼에서는 긴 호흡의 스토리텔링이 가능하므로, 상품의 친환경적 특성을 세세하게 설명할 수 있다. “에코테크의 신상품은 에너지 소비를 최소화하고 탄소 발자국을 줄입니다.” 인스타그램은 이미지 중심의 플랫폼이므로, 상품의 미적 측면에 초점을 맞출 수 있다. “쾌적한 생활과 더 나은 미래를 위한 선택. 에코테크. #친환경 #효율적인생활.” 엑스는 짧고 간결한 메시지를 전달하는 데 적합한 플랫폼이므로, 상품의 혜택을 간결하게 전달해야 한다. “쾌적한 생활을 위한 친환경 기술, 에코테크 신상품 출시. #친환경Tech #EcoTech.” 틱톡은 동영상 중심의 플랫폼이므로, 재미있는 구성으로 상품을 알릴 수 있다. “새로운 에코테크 상품으로 달라지는 생활! #친환경생활 #EcoTechChallenge.”

이 밖에도 전문적인 내용을 주로 올리는 링크드인

(LinkedIn), 긴 형식의 비디오 콘텐츠가 강점인 유튜브(YouTube), 짧고 재미있는 콘텐츠로 유명한 스냅챗(Snapchat), 매력적인 사진 이미지가 많은 핀터레스트(Pinterest) 같은 플랫폼이 있다. 플랫폼별 특성을 고려해 소셜미디어 트렌드에 따라 카피를 쓰면, 브랜드 메시지를 효과적으로 전달하고 이용자의 참여를 더 많이 유도할 수 있다. 소셜미디어 플랫폼에 따라 특성과 사용자층이 다르므로 플랫폼의 특성을 이해하고 플랫폼별로 맞춤화된 카피라이팅 전략을 전개해야 한다. 나아가 각 플랫폼의 알고리즘과 이용자 행동을 지속해서 관찰하며 카피라이팅 전략을 수정해 나간다면 카피의 효과도 높일 수 있다.

참고문헌

김병희(2024). 『디지털 시대의 카피라이팅 신론: 챗GPT를 활용한 광고 카피 쓰기』. 서울: 학지사비즈.

정원준(2022). 『NetMiner를 활용한 빅데이터 텍스트 분석 기법과 활용』. 서울: 학지사.

10
디지털 카피와 아날로그 카피의 종합

디지털 시대와 아날로그 시대의 카피라이팅의 차이를 비교하는 관점은 일곱 가지다. 소비자 중심의 카피 지향, 명확한 카피 메시지 선호, 창의적인 카피라이팅 능력 중시, 일관된 브랜드 메시지 전달, 소비 행동의 유발이 시대별 공통점이다. 반면에 시대별 차이점은 데이터의 접근성, 플랫폼의 다양성, 수정의 유연성, 검색의 최적화, 상호작용 가능성, 측정의 용이성, 콘텐츠의 다양성 여부에 달려 있다.

종교와 AI?

카피라이팅 차이를 비교할 일곱 가지 관점

디지털 시대와 아날로그 시대의 광고 카피라이팅은 여러 측면에서 차이가 있다고 알려져 있다. 그 차이는 무엇일까? 그 차이를 비교할 수 있는 다양한 관점이 존재할 것이다. 중요한 차이를 비교할 수 있는 일곱 가지 관점은 다음과 같다(김병희, 2024a).

첫째, 빅데이터에 접근하는 역량의 차이다. 디지털 시대의 광고 카피라이팅은 빅데이터를 분석해 목표 소비자의 특성을 세분화해 개인 맞춤형의 카피를 쓰는 경향이 있다. 반면에 아날로그 시대에는 빅데이터라는 개념 자체가 아예 없었고 카피를 쓸 때도 제한적인 자료를 검토해 카피라이터의 영감으로 카피를 쓰는 경우가 많았다.

둘째, 플랫폼 활용 범위에서의 차이다. 디지털 시대에는 다양한 디지털 플랫폼(예: 소셜미디어, 웹사이트, 이메일 등)의 특성에 알맞게 광고 카피를 최적화해 광범위하게 전달할 수 있다. 반면에 아날로그 시대의 광고 카피는 텔레비전, 라디오, 신문, 잡지 같은 전통적인 4대 매체에 주로 노출돼 디지털 시대와 비교하면 협소하게 전달됐다.

셋째, 반응 시간과 유연성의 차이다. 디지털 미디어에

노출되는 광고는 실시간으로 피드백을 받고 즉시 카피를 수정하거나 전략을 바꿀 수 있을 정도로 유연성이 있다. 이와 대조적으로 아날로그 시대의 광고는 실시간으로 피드백을 받을 수 없었고 유연성도 제한적이었다. 카피도 미디어에 노출되고 나면 다시 수정하기가 쉽지 않았다.

넷째, 검색 우선순위의 차이다. 디지털 시대의 카피라이팅에서는 검색엔진 최적화(Search Engine Optimization, SEO)가 중요한 기능을 한다. 광고 카피를 쓸 때는 핵심어를 적절히 활용해 검색엔진의 결과 페이지에서 높은 순위에 올라가도록 검색을 고려해 카피를 쓰는 것이 중요하다. 아날로그 시대의 카피라이팅에서는 검색 순위라는 개념이 존재하지 않았다.

다섯째, 상호작용성 여부의 차이다. 디지털 시대의 광고 카피는 소비자의 참여를 유도하고 실시간으로 반응을 유발하는 데 중점을 둔다. 소셜미디어의 '공유' '댓글' '좋아요' 같은 댓글 형태의 반응이 대표적이다. 그에 비해 아날로그 시대의 광고 카피에서는 소비자의 참여를 제한적으로 끌어냈고 상호작용성을 기대하기 어려웠다.

여섯째, 측정 가능성 유무의 차이다. 디지털 시대의 카피라이팅에서는 클릭률, 전환율, 웹사이트 방문자 수 같은 수치를 쉽게 추적하고 분석해, 광고 캠페인의 효과를 평가하고 개선하는 데 활용할 수 있다. 측정 가능성 유무의 차이는 비용 효율성과도 직결되는 문제인데, 아날로그 시대의 카피라이팅에서는 측정하기 어려운 경우가 많았다.

일곱째, 멀티미디어 활용 여부의 차이이다. 디지털 광고에서는 텍스트는 물론 이미지, 영상, 상호작용 콘텐츠를 비롯한 다양한 형태의 콘텐츠를 활용할 수 있다. 콘텐츠의 다양화는 카피 메시지를 보다 풍부하게 전달하고 소비자의 참여를 높이는 데 도움이 되는데, 아날로그 시대의 광고에서는 멀티미디어 활용이 제한적일 수밖에 없었다.

시대별 광고 카피라이팅의 공통점

광고 카피라이팅에서의 중요한 차이를 비교할 수 있는 일곱 가지 관점에서 디지털 시대의 광고 카피라이팅이 아날로그 시대에 비해, 카피라이터에게 얼마나 다양한 기회와 장점을 폭넓게 제공하고 있는지 확인할 수 있다. 두 시대의 카피라이팅은 분명 확연한 차이가 있다. 디지털 시대의 광고 카피라이팅과 아날로그 시대의 광고 카피라이팅은 차이가 크지만, 공통점도 있다. 두 시대의 광고 카피라이팅에서 공통점은 무엇일까? 몇 가지 공통점을 먼저 살펴보기로 하자.

첫째, 소비자 중심의 카피를 지향한다는 공통점이다. 디지털 시대가 되었지만 아날로그 시대와 마찬가지로 광고 카피라이팅의 핵심은 소비자 중심이라는 사실이다. 카피라이터는 소비자의 문제를 해결하고, 소비자의 관심사와 가치에 부합하는 메시지를 창작해야 한다.

둘째, 명확한 카피 메시지를 선호한다는 공통점이다. 디지털 시대에도 아날로그 시대와 마찬가지로 명확하고 이해하기 쉬운 카피 메시지가 효과를 발휘한다. 복잡하거나 모호한 메시지는 언제나 소비자를 혼란스럽게 하고, 광고 목적을 구체적으로 달성하기 어렵게 한다.

셋째, 창의적인 카피라이팅 능력을 중시한다는 공통점이다. 창의적인 카피는 시대에 관계없이 소비자들의 관심을 끌어모아 소비 행동을 유발한다. 창의적인 카피는 광고를 독특하게 느껴지게 하고 소비자의 기억 속에 오래오래 남기 때문에, 카피라이터의 창의성이 중요하다.

넷째, 브랜드 메시지를 일관되게 전달하는 카피를 써야 한다는 공통점이다. 디지털 시대이건 아날로그 시대이건 브랜드의 느낌, 목소리, 스타일을 일관되게 반영하는 카피가 효과를 발휘한다. 따라서 카피라이터는 브랜드 인지도와 소비자의 신뢰를 얻는 카피를 써야 한다.

다섯째, 소비 행동을 유발하는 카피를 써야 한다는 공통점이다. 두 시대 모두에서 광고 카피의 궁극적인 목표는 소비자 행동을 유발하는 데 있다. 따라서 카피라이터는 구매, 문의, 사이트 방문 같은 소비 행동을 유발할 수 있는 창의적인 발상으로 카피를 써야 한다.

시대별 광고 카피라이팅의 차이점

디지털 시대의 광고 카피라이팅과 아날로그 시대의 광고 카피라이팅에서 대표적인 차이는 다음과 같다(김병희, 2024b).

첫째, 데이터의 접근성 여부에서의 차이점이다. 아날로그 시대의 카피라이팅에서는 빅데이터에 접근하기 어려웠고 제한적인 세분화와 개인화만 가능했다. 그러나 디지털 시대의 카피라이팅에서는 빅데이터를 활용한 소비자 세분화와 개인화에 맞춘 카피를 얼마든지 쓸 수 있다.

둘째, 플랫폼의 다양성 여부에서의 차이점이다. 아날로그 시대의 카피라이팅에서는 전통 매체에만 주로 의존했기 때문에 다양한 플랫폼을 활용할 수 없었다. 그러나 디지털 시대의 카피라이팅에서는 다양한 디지털 플랫폼의 특성에 알맞게 카피 메시지를 창작할 수 있게 됐다.

셋째, 수정의 유연성 여부에서의 차이점이다. 아날로그 시대의 카피라이팅에서는 실시간으로 피드백하기 어려워 반응 시간과 유연성이 제한적이었다. 그러나 디지털 시대의 카피라이팅에서는 카피를 잘못 썼을 경우에 신속하고 유연하게 실시간으로 카피를 수정할 수 있다.

넷째, 검색의 최적화 여부에서의 차이점이다. 아날로그 시대의 카피라이팅에서는 검색엔진 최적화라는 개념 자체가 존재하지 않았다. 그러나 디지털 시대의 카피라이팅에서는 검색엔진 최적화를 바탕으로 그에 적합한 카피를 써서 검색의 우선순위를 수정할 수 있다.

다섯째, 상호작용의 가능성 여부에서의 차이점이다. 아날로그 시대의 카피라이팅에서는 소비자의 참여를 유도할 수 있었지만 제한적이고 한계가 있었다. 그러나 디지털 시대의 카피라이팅에서는 소비자의 참여를 적극적으로 유도함으로써 상호작용 활동이 얼마든지 가능해졌다.

여섯째, 측정의 용이성 여부에서의 차이점이다. 아날로그 시대의 카피라이팅에서는 측정에 어려움이 있었고

세밀한 표적화가 어려웠다. 그러나 디지털 시대의 카피라이팅에서는 클릭률을 비롯한 카피에 대한 소비자의 반응 측정과 비용 효율적인 표적화가 가능해졌다.

일곱째, 콘텐츠의 다양성 여부에서의 차이점이다. 아날로그 시대의 카피라이팅에서는 멀티미디어를 활용하기 어려웠기 때문에 다양한 콘텐츠를 노출하기가 현실적으로 어려웠다. 그러나 디지털 시대의 카피라이팅에서는 텍스트, 이미지, 영상 등 다양한 콘텐츠를 활용할 수 있게 됐다.

이들 공통점은 광고 환경이 변하더라도 변치 않는 광고 카피라이팅의 핵심 원칙이다. 광고 카피라이팅의 공통점을 바탕으로 카피를 잘 쓰려면 카피라이터는 소비자 심리를 파악해 제품과 서비스의 혜택을 구체적으로 표현해야 한다. 디지털 카피든 아날로그 카피든 어떤 매체를 통해 메시지를 전달하든 관계없이 중요한 요소다. 나아가 디지털이나 아날로그 카피 모두에서 소비자 행동과 의사 결정을 반영하기 위해 심리학 지식을 활용해야 한다. 소비자의 구매 결정 과정에 영향을 미치는 다양한 심리적 요인을 이해하고 이를 카피에 적용해야 한다. 언어의 활용 능력도 중요하다. 어떤 형태의 광고든 광고의 품질은 언어 감각에 크게 의존한다. 아름다운 우리말을 재치 있게 활용하는 능력이 중요하다. 카피라이터는 트렌드에 대해서도 깊이 이해해야 한다. 광고 메시지는 적절한 시기에 전달돼야 한다. 소비자가 제품이나 서비스를 가장 필요로 하는 시기에 광고를 노출해야 한다는 뜻이다. 이런 공통점이 디지털 시대와 아날로그 시대의 카피라이팅에서 중요한 원칙이며, 이를 고려해 카피를 쓰면 보다 효과적인 메시지를 완성할 수 있다.

참고문헌

김병희(2024a). 『디지털 시대의 카피라이팅 신론: 챗GPT를 활용한 광고 카피 쓰기』. 서울: 학지사비즈.

김병희(2024b). AI가 바꾸는 광고PR 카피라이팅. 김주영 외 지음. 『기획부터 윤리까지 AI가 바꾸는 광고와 PR』(121-156쪽). 서울: 이프레스.

김병희

서원대학교 광고홍보학과 교수다. 서울대학교를 졸업하고 한양대학교 광고홍보학과에서 광고학박사를 받았다. 한국광고학회 제24대 회장, 한국PR학회 제15대 회장, 정부광고자문위원회 초대 위원장, 서울브랜드위원회 제4대 위원장으로 봉사했으며, 현재 한국공공브랜드진흥원 부원장으로 활동하고 있다. 그동안 『디지털 시대의 카피라이팅 신론: 챗GPT를 활용한 광고 카피 쓰기』(2024), 『디지털 시대의 광고 마케팅 기상도』(2021)를 비롯한 60여 권의 저서를 출간했다. "디지털 시대의 광고 산업 생태계를 고려한 광고의 새로운 정의"(2024)를 비롯한 110여 편의 논문을 국내외 주요 학술지에 발표했다. 한국갤럽학술상 대상(2011), 제1회 제일기획학술상 저술 부문 대상(2012), 교육부 · 한국연구재단의 우수 연구자 50인(2017) 등을 수상했고, 정부의 정책 소통에 기여한 공로를 인정받아 대통령 표창(2019)을 받았다.

이메일: kimthomas@hanmail.net